Ich bin Wertvoll

Sich selbst wertschätzen und liebhaben

Hrsg.: Andrea Hofhammer

Wege und Lösungen sich selbst zu finden.

Impressum

Verlag: epubli GmbH, Berlin,
www.epubli.de
ISBN 978-3-7375-2958-7

Burnout, der Schamanismus und die Reise zu mir.

Mein Buch, meine Geschichte, meine Erfahrungen, meine Lösungen.

Der Ruf meiner Seele. Denn das wahre Feuer brennt in unserem Herzen. Verabredung mit dem wichtigsten Menschen, nämlich mit mir.

Ich bin die, die ich bin.

Inhaltsverzeichnis

Einleitung:

Die Idee zu diesem Buch ist entstanden aus der eigenen Not heraus, weil es eine Zeit in meinem Leben gab, in der ich ziemlich ausgebrannt und niedergeschlagen war. Ich war im wahrsten Sinne des Wortes am Ende meiner psychischen und körperlichen Kräfte. Meine Ängste und meine Gedanken waren so schwarz, dass ich nur noch sehr wenig Lebensqualität besaß. Um etwas zu tun, und aus dieser misslichen Lage herauszukommen, war es an der Zeit zu handeln, bereit, die Ängste, die mein Herz schwer machten, und meinen Körper lähmten, anzugehen. Ich war entschlossen, meine Probleme offensiv aufzuarbeiten.

Da ich mich bei meiner langjährigen Arbeit als Masseurin und medizinischen Bademeisterin gerne mit meinen Patient(inn)en unterhielt, fiel mir auf, dass nicht wenige Menschen unter solchen Seelenzuständen litten, wie ich. Beim

Austausch, bei sehr intensiven Gesprächen in meiner Praxis habe ich bemerkt, wie besonders Frauen, meine gelebten und erlebten Geschichten und Erfahrungen aufsaugen, und wie gut ihnen das tut. Ich hatte das Gefühl, dass sie dadurch gestärkt und mit neuem Mut sich und ihrer Umwelt entgegen treten. So machte ich es mir zur Aufgabe, nicht an der Situation zu zerbrechen sondern daran zu wachsen. Ich begann meine Erfahrungen aufzuschreiben. Außerdem sammle und lese ich seit meiner Kindheit Weisheiten und Sprüche. Und viele davon haben in mir etwas bewegt was sehr oft mit mir selbst und meinem Leben zu tun hat sie berühren mein Herz und ich kann dadurch besser das Leben verstehen und meine Seele spüren. Ich konnte dadurch besser die Schatzsuche zu meinen inneren Kraftquellen finden. Heraus aus dem Kopf, aus dem Verstand, dem Ego, dem Recht haben und dem gewinnen wollen. Ab ins Herz, in die Seele, die Liebe, die Fülle, die Leichtigkeit. Hinein in die eigene Göttlichkeit, ins Sein.

Ich wollte ein Buch schreiben aus meiner, auch schamanischen Sicht. Ich habe viel erfahren und viel gelernt. Ich weiß wie ich ticke und was ich brauche, um glücklich zu sein.
Ich will euch meine Sicht auf die Welt zeigen. Alles was ich zu erzählen und zu berichten habe, habe ich ausprobiert und für mich hat es funktioniert.

Ich wünsche mir, dass dieses Buch, für die Leser(inn)en neue Ideen bringt, mit Lebensmut und - freude. Ich glaube, mein Ziel wäre erreicht, wenn ihr ab und zu lacht, und an meinen Spinnereien und meinen Ideen teilnehmt.

Du bist das beste, was dir passieren kann(3).

Wie kann ich meine Seele und mein Herz spüren?

Wo, wann und wie kann ich erkennen, was mir gut tut? Wie kann ich es festhalten, es in meinem Alltag integrieren, mir Anker schaffen, den Focus auf positives richten, meiner Begeisterung folgen? Was für Träume und Sehnsüchte habe ich, was nährt mich, für was will ich brennen? Welche Schritte, braucht es, mich selbst zu lieben? Was tut Menschen, richtig gut? Entscheidungen treffen, mit denen du dich gut fühlst. Wem kann ich Dinge anvertrauen? Wer hilft mir? Wer versteht mich? Wer bringt mich weiter auf meinem Weg? Wem sage ich es lieber nicht, weil mich das schwächt?

Die Wege in die Selbstverantwortung sind sicher nicht leicht, aber es lohnt sich.
Das Buch soll ein Augenöffner sein, eine Anleitung zum Tfm (einen Termin für mich).

Liebe(r) Leser(in), wenn du meinst, das geht nicht. Das gleiche dachte ich auch. Da gab es nur Haushalt, einkaufen, kochen, spülen, funktionieren, Tisch abräumen, Kinder, Ehemann, Arbeit, in Hetze nach Hause kommen. Alles schnell schnell. Da war kein Platz für innehalten. Schönheit der Natur und meiner Selbst wahrnehmen und es mir selbst gut gehen lassen.
Unerwartet bekam ich eine Zeitschrift in die Hand, worin ich gelesen habe:

Machen Sie einen Tfm.

Das war der Beginn einer wunderbaren Geschichte. Aber lest selbst. Was es alles braucht um sich an die wichtigen Dinge zu erinnern im Leben. Dinge die mich nähren und satt machen. Dann erledigen sich die Sachen, die früher mühevoll waren, leichter. Ich spreche aus eigener Erfahrung. Meine „ Schätze", die ich mir erworben habe, nachdem ich ausgebrannt war. Ich war soweit, dass ich sogar beim Einkaufen, gleich wieder ans rausgehen gedacht habe. Die kleinste Kleinigkeit war mir zu viel.

Mein Innerstes meldete sich immer wieder und schickte Signale die ich zunächst entweder nicht verstand, oder ignoriert habe. Nach einer ziemlichen Durststrecke und vielen Angstattacken, nach denen ich mich gefragt habe, wohin gehst du? Entweder in die totale Depression, oder ich finde den Weg aus dem Labyrinth. Ich hörte zum ersten Mal auf mein Innerstes, setzte mich in den Arbeitspausen in den Park und führte mit mir Zwiegespräche. In diesen Phasen war mir die Sonne die mir ins Gesicht schien, und der Wind, der meine Haut streichelte, wichtiger als Haushalt, Arbeit und Kindererziehung. Es war für mich völlig ungewohnt, aber sehr interessant. Von dem Zeitpunkt an nahm ich mir Zeit. Und es tat mir gut. Ich hatte bis dahin meiner Seele keine Aufmerksamkeit geschenkt, und genau das war mein Problem. Ich habe realisiert, dass ich bis dahin im Ozean, wie ein großer Dampfer fahre, ohne Ziel und ohne Hafen, orientierungslos und unglücklich. Zum ersten Mal in meinem Leben wurde mir bewusst, dass ich in einem endlichen

Körper existiere. Ab der Geburt ist der Mensch im freien Fall. Wann der Aufprall unten statt findet, weiß keiner. Es kommt aber darauf an, ob man nach unten bewusst einen Lift nimmt, oder sich unkontrolliert fallen lässt. Alle kommen wir nackt auf der Erde an und wir gehen auch wieder irgendwann. Keiner ist bis jetzt dageblieben. Es hängt also davon nicht ab, wie brav oder wie böse wir waren. Oder an was wir glauben, um den unvermeidlichen Aufprall zu verhindern. Es kommt lediglich darauf an, wie ich die Zeit zwischen Anfang und Ende gestalte.

Meine Aufzeichnungen sollen den Leser(inn)en vermitteln, wie ich mein Leben verbessert habe, wie ich die Metamorphose zu einer selbstbestimmten, selbstbewussten, sich selbst bejahenden und sich wertschätzenden Frau geschafft habe. Ich habe es geschafft, mir selbst zu vergeben, obwohl ich nicht immer alles richtig gemacht habe, sei es als Tochter, als

Ehefrau oder Mutter. Ich glaube jetzt an die Kraft des inneren Friedens. An die Natur, den wiederholenden Zyklen, ähnlich den vier Jahreszeiten, Frühling (Kindheit), Sommer (junge Wildheit), Herbst (Wechsel von der jungen zur reifen Frau), und Winter (zur alten Weisen).

Ich glaube an die Veränderung. Nichts bleibt wie es ist und ich kann nichts festhalten. Weder meinen Partner, meine Kinder, mein Vermögen, noch mein Häuschen und schon gar nicht meinen Körper.

Denn: Was vor uns liegt und was hinter uns liegt, ist unbedeutend, verglichen mit dem, was in uns steckt.

Buddhistische Weisheit.

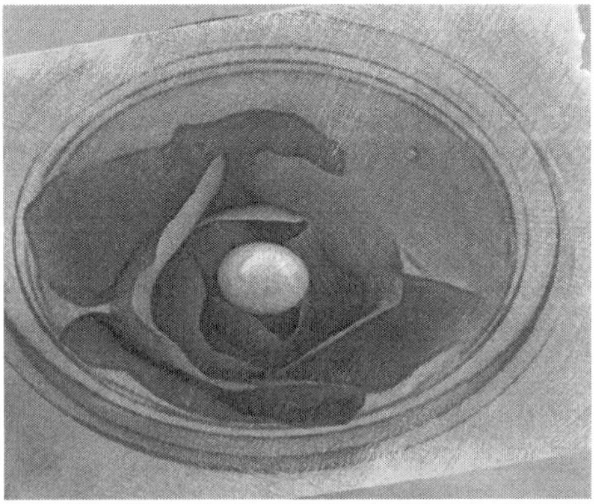

Das größte Glück erreichen, indem ich gern tue,
was ich tun muss (13).

Eine Geschichte:

Im Wald gab es eine Lieferung, die unbedingt innerhalb von 14 Tage erreicht sein musste. Es gab kleine Kisten, große Kisten und schwere Kisten. Es war ein tropisches, heiß- feuchtes Klima, und daher sehr anstrengend für die Arbeiter. Und es gab den Herrn, dem alles gehörte, und unentwegt Druck machte. Ihm war es egal, ob die Männer hungerten oder dursteten, unter der Hitze litten, oder von den Moskitos erbarmungslos gestochen wurden. Die fleißigen Träger gaben alles, was sie zum leisten im Stande waren. So vergingen die Tage. Keine Rast und keine Ruhe, bis etwas passierte was passieren musste. Die Träger setzten sich ins Gras und konnten nicht mehr. Der Vorarbeiter versuchte es dem Herrn beizubringen und sprach zu ihm: mein Herr! Die Arbeiter legen jetzt eine Rast ein, und es dauert solange, bis ihre Seelen sie eingeholt haben,

wie es die indianische Weisheit empfiehlt:

„Wir müssen, von Zeit zu Zeit, eine Rast einlegen und warten, bis unsere Seelen uns wieder eingeholt haben".

Und auch **Wir** werden geschoben und gezogen, und es wird Druck auf uns eingeübt. Aber der stärkere Druck, den machen wir uns immer selbst.

In unserer Gesellschaft definieren wir uns meist durch das Haben, und nicht durch das Sein. Jedes Teil, welches wir ins Haus tragen, braucht seine Aufmerksamkeit. Es muss gepflegt und gehegt, muss abgestaubt und versorgt werden. Das alte Teil wird zur Seite geschoben. Es verstaubt und wird nicht mehr gebraucht. Es verstellt die Räume, so das es sogar letztendlich weggeschmissen wird. Für jedes Teil, müssen wir also Leistungen erbringen. Überlegen wir uns daher genau, ob wir es auch wirklich benötigen.

Ich habe mir einen Spruch angeeignet dessen Autor mir gerade entfallen ist, der da lautet:

„Wir machen eine Arbeit, die wir nicht mögen,
um damit Geld zu verdienen,
um davon wiederum Sachen zu kaufen,
die wir nicht brauchen,
um Leute damit zu beeindruckenden,
die wir nicht mögen".

Zuerst einmal, nur satte Menschen können geben, und satt werde ich im übertragenen Sinne nur, wenn ich Freude an den Dingen die ich tue habe.

Was ist Burnout?

Burnout wird definiert, als Zustand totaler psychischer und, weitgehender körperlicher Erschöpfung.

Demnach hatte ich damals wohl den Zustand von Burnout gehabt. Ich war nicht in der Lage für, oder zu etwas die Initiative zu ergreifen. Ich war mir wohl meinen täglichen Pflichten bewusst. Aber zwischen der Bewusstheit und dem Tun lag ein grauer Schleier, der mir die Sicht auf die Dinge versperrte.

Vor diesem Zustand war ich eine Frau mit vielen Idealen. Ich habe bewusst geheiratet, weil ich die Ehe bejahe. Ich habe bewusst Kinder gewollt und bekommen, weil ich Kinder liebe. Ich habe bewusst meinen Beruf gewählt, weil ich gerne mit Menschen arbeite.

Und plötzlich war mir alles zur Last geworden und ich fing mich an zu fragen, was hat das Leben für einen Sinn. Anstelle, dass man seine eigenen Gedanken und

Ideen verwirklicht, muss man die Regeln und Anweisungen Anderer Folge leisten. Oft musst du dich selbst verleugnen, um im täglichen Leben akzeptiert zu werden und zu bestehen. Nicht Du bestimmst, sondern du wirst bestimmt.

Meine Ideale waren verflogen. Statt dessen verfiel ich in eine unbeschreibliche Resignation. Einer tödlichen Langeweile, nichts mit sich und seiner Umwelt anfangen können, haben von mir Besitz ergriffen.

Kurzum: mir fehlte der Sinn im Leben. Ich habe geschlafen, unbewusst gehandelt, mir selbst nicht zugehört, meine Freude unterdrückt und lebte in den Tag, der für mich kein Anfang und kein Ende hatte.

In dieser absolut unglücklichen Phase meines Lebens hatte ich wohl das Glück, durch eine innere Eingebung Innezuhalten, und mich zu fragen: „ Gibt es für mich noch einen Ausweg, und wenn ja welchen?"

Ich begann, alles zu hinterfragen. Mein anders Machenwollen, mein Anderssein, mein wie ich bin, und was mich ausmacht?

Ich habe dann beschlossen, mich, so wie ich bin zu zulassen, zu bejahen. Ich bin aus der Ameisenstraße ausgeschert, und gehe jetzt meinen Weg. Einen für mich stimmigen Weg.

Im Laufe der Zeit habe ich entdeckt, das dieser Weg spannender, interessanter und aufregender ist. Und, erstaunlich für mich, dass meine Freunde und meine Umwelt mich jetzt mehr akzeptieren und verstehen, als früher.

Ich bin von einem Mitläufer zu einem Läufer geworden, der genau sein Ziel vor Augen hat.

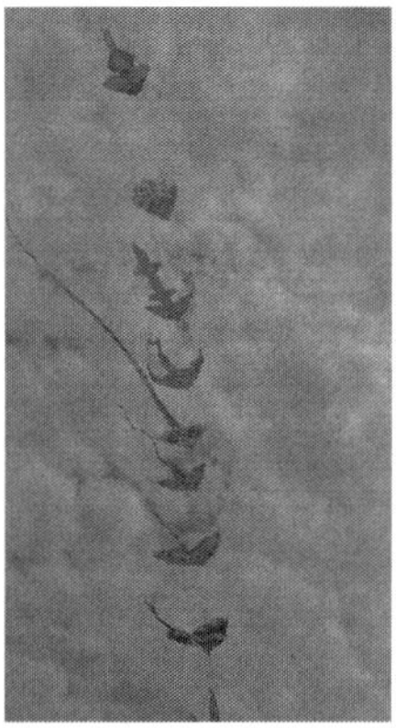

1. Schritt zur positiven Veränderung:

Bei dieser Übung setze ich den Focus, tatsächlich auf etwas gutes. Sonst dachte ich mehr darüber nach, was mir nicht so gut gelungen ist. Was schon wieder schlechtes in der Welt passiert ist. Wie nicht perfekt ich doch bin. Alles Sachen die mich belasteten und mir ungute Gefühle machen.

Tägliche Übung: Drei Dinge die dir gut tun und die dich begeistern.

Kaufe dir ein schönes Buch, ein wirklich schönes. Spare dabei auch nicht. Das darf etwas kosten. Es soll dir gefallen. Vielleicht mit Blumen darauf oder etwas Goldschimmer. Egal was. Hauptsache es macht dir Freude, es zu benutzen. Es kann auch ein Terminplaner sein. Denn diesen nimmst du jetzt täglich in die Hand, und schreibst 3 bis 5 Dinge hinein, die dir und besonders deiner Seele gefallen.

Du nimmst dir täglich ein paar Minuten Zeit und schreibst auf, was dir von Herzen gefällt.

Beispiele:

Ich sitze im Auto und ein Lied wird gespielt, das mir gute Laune macht, das mich laut mitsingen lässt, welches mir den Kopf frei macht. Ein Lied, was mich meine Sorgen und Nöte vergessen lässt. Ein Lied, weshalb ich sogar noch länger im Auto sitzen bleibe, obwohl ich schon am Ziel bin.

Okay: ich schreibe: starways to haven gehört von Led Zeppelin.

Und da war diese unglaublich, leckere Kürbisingwersuppe, die ich nach einem Rezept in einer Zeitschrift nach gekocht habe, und welche mir extrem gut gelungen ist (und diese Suppe, hat in aller erster Linie mir am besten geschmeckt. Ich bin ja hier auf der Suche nach den Dingen, die mir gut tun und welche aus meiner Seele kommen).

Also schreibe ich Kürbisingwersuppe..

Und dann habe ich einen Massagetermin ausgemacht. Einfach so unter der Woche. Mir und meinem Körper, etwas Gutes zu tun. Ich gönne mir den Luxus, mir, und mal ausnahmsweise nur mir und nicht den anderen. Dadurch, dass ich dem netten Mädchen - Image jahrelang gefolgt bin, bin ich jetzt soweit endlich auch mal was für mich zu tun. Gestern waren die anderen dran, heute bin ich es.

Also schreibe ich: Massage.

Und da war noch meine Mittagspause. Normalerweise gehe ich schon mal fürs Abendessen einkaufen. Heute aber hänge ich ein Schild an meine Türe auf dem steht, bitte erst wieder um 13 Uhr klopfen. Und dann mache ich es mir bequem, auf einer mitgebrachten Matte. Oder auf der Couch, oder auf dem Stuhl, schließe meine Augen und folge meinem Atem. Ich atme ein, und ich atme aus. Und ich folge den Bildern die sich mir zeigen. Nach der halben Stunde entferne ich das Schild an der Tür, bin entspannt und genährt. Vielleicht habe ich sogar noch eine schöne Traumgeschichte erlebt, die mich dann über den Nachmittag begleitet.

Ich schreibe in mein Seelenbuch:

Mittagsschläfchen gehalten.

Oder ich schreibe:

Tee gekocht, Kerze angezündet, Freundin angerufen, einen Tag kein Fleisch gegessen, ins Kino gegangen, nachts in den Garten gesetzt, um Sternschnuppen zu sehen. Das habe ich tatsächlich diesen Sommer gemacht. Ich war im Nachthemd und nur mit meiner Decke bewaffnet, so legte ich mich kurz vor Mitternacht in einen Gartenstuhl. Dann habe ich es mir bequem gemacht, und wurde tatsächlich, mit 2 Sternschnuppen belohnt.

Weitere Beispiele: Vollbad genommen, in die Sauna gegangen, im Regen spazieren gegangen, mit Regenhut und Regenhose, viele waren bei dem Wetter nicht unterwegs, die Luft war klar und mein Geist befreit, laut in der Dusche gesungen, mir eine Pizza bestellt, mir selbst Blumen gekauft, zum Töpferkurs angemeldet, auf den Berg gewandert, einen Einkaufsbummel gemacht, barfuß durch die Wiese gelaufen, einen Fremden angelächelt, einer alten Frau über die

Straße geholfen, der besten Freundin oder sich selbst einen Kuchen gebacken, sich selbst Pralinen geschenkt, den Tisch schön eingedeckt, durch Laubhaufen im Herbst gelaufen, den Schneeflocken Aufmerksamkeit geschenkt, eine Schneefrau gebaut, Steinmännchen aufgeschichtet, einen Klecks Lavendelöl aufs Kopfkissen getröpfelt, auf der Couch gelümmelt und den Alltag mal sein lassen. Meditation oder Ruhepause gemacht.

Also in dieses Buch schreibe ich Tag für Tag, Woche für Woche, 3 bis 5 Dinge, die mich begeistern, und mit der Zeit weiß ich, spüre ich und erkenne, was mir gefällt und was mir gut tut.

Und ich werde zum Jäger, werde zum Seelenjäger der Dinge nachjagt, die das Leben schöner, bunter, witziger, positiver und reizvoller machen.

Denn jeder Tag ist ein Geschenk, und ich bin der Architekt meines Lebens. Ich bin, meines Glückes Schmied. Ich kann sein, wer ich sein will. Die Kaiserin, der Kaiser meines Lebens.

Mutig drauf los. Wenn du es heute nicht tust, wann dann?

Wenn du morgen auf der Wolke sitzt, ist es zu spät. Plane eine Verabredung mit dir selbst.

Und jetzt du:

....

....

....

....

....

....

....

Hierzu fällt mir dieses japanisches Sprichwort ein:

„Falle 7 Mal, stehe 8 Mal auf".

Sich selbst wertschätzen:

Es gibt für mich eine tägliche Übung. Das ist ein Ritual welches ich gerne ausführe, um mir meinen Körper und meine Seele bewusst zu machen. Am besten geht es im Wald, oder auf einer freien Wiese, auf jeden Fall irgendwo in der Natur.

Ich sage dazu meistens laut, manchmal auch leise, je nachdem wo ich gerade bin:

„ **Ich liebe mich selbst",** und lege dazu beide Hände auf den Bauchnabel.

Dann strecke ich beide Hände zum Himmel und sage: "**Ich bin offen für die unbegrenzte Fülle des Universums".** (Diese Geste weitet mir auf unglaubliche Weise meinen Blick in den Himmel).

Danach strecke ich beide Hände nach vorne und sage: **"Ich bin es wert zu geben"**.

Ich ziehe beide Hände wieder zu mir heran und sage: „**Und zu empfangen**".

Dann umarme ich mich liebevoll indem ich beide Arme um mich schlinge und sage: **"Ich liebe mich selbst".**

Ich strecke nochmals beide Arme nach vorne zum Boden und sage: "**Ich akzeptiere meine Seele**".

Besuche einen magischen Ort.

Halte doch mal, während des Einkaufs inne und besuche einen magischen Ort. Das könnte eine Kirche sein, wo man ein Kerzchen anzündet, in die Stille geht. Seiner eigenen Göttlichkeit Raum gibt.

Oder, ein lauschiges Plätzchen auf einer Parkbank finden. Kurz inne halten, die Leute wahrnehmen, die vorüberziehen. Alte, Junge, Kinder. Eventuell ein Lächeln verschenken, eins zurückbekommen.

Wenn die Menschen frühmorgens aufstehen, hat jeder davon ein anderes Ritual um sich an diesem Tag, der Welt zu präsentieren. Sie ziehen sich an, hängen sich vielleicht eine Kette um den Hals. Sie stecken sich noch einen Ring an den Finger. Jeder macht sich schön, jeder auf seine Weise. Ob Postmann, Klofrau, Professor, von und zu...mag es in unseren Augen auch anders rüber kommen.

Höre auf zu urteilen und schaue.

Oder bleibe doch mal im Auto sitzen, wenn dir das Lied gefällt. Diesen Moment, können die anderen auf dich warten. Es läuft dir nichts davon. Du machst deine Seele damit satt, bist ausgeglichener und es versüßt dir den kurzen Moment.

Oder fahre nach der Arbeit nicht gleich heim. Gehe kurz an einen Fluss, an einen Weiher, den See in deiner nächsten Umgebung, oder einfach auf eine grüne Wiese. Schaue dich um nach den Fischen im Wasser, den Vögeln in der Luft, dem Rauschen des Windes. Lausche höre das Plätschern, nimm wahr was gerade ist. Ziehe deine Schuhe und Strümpfe aus und wate durch das Wasser. Bedenke der größte Teil deines Körpers besteht aus Wasser. Tanke auf in der Natur. Du bist ein Teil davon.

Fragen:

Welche Qualitäten will ich haben in meinem Leben?

Welche in meiner Partnerschaft?

Was erwarte ich vom Wochenende?

Was von meinem Beruf?

Was von meinen Freundinnen, Freunden, Partner?

Was erwarte ich von meinem Körper,
dem einzigen den ich je haben werde,
wertschätze ich ihn so, wie er ist?

Was erwarte ich von meiner Freizeit?

Meine Erkenntnisse:

Ich bringe Menschen die ich liebe, gerne Kleinigkeiten von unterwegs mit (z.B. Blumen, Pralinen, oder ähnliches).

Ich achte dabei auf mein Herz, denn etwas liebloses, schnell dahin gekauftes, möchte ich nicht haben, weil ich meine, dass der Beschenkte es spüren würde.

Finde ich etwas, was nach meiner Meinung nicht passend sein könnte, dann teile ich dem anderen meine Intention mit, und lade ihn statt dessen zum Kaffee ein.

Ich beschäftige mich gerne mit anderen Menschen, und verbringe auch gerne gemeinsame Zeit mit ihnen. Für mich ist das eine wertvolle, und keine verlorene Zeit.

Aber ich beschäftige mich auch mit anderen Dingen, so z.B. mit gutem Essen. Ich spüre es förmlich, wenn die Speisen ohne Freude und ohne Mühe und ohne Hingabe zubereitet werden. Es klingt vielleicht unglaubwürdig, aber es ist tatsächlich so, dass ich z.B. bei einer guten Suppe die Begeisterung und die Liebe, die der Koch bei der Zubereitung seines Produktes gehabt hat, empfinde.

Jenseits aller Verpflichtungen, und Erwartungen, die mit der Wahl eines bestimmten Geschenkes verbunden sind, und dem Beschenkten Freude bereiten sollen, gibt es noch etwas prinzipielles für mich im Bezug des einzelnen zu sich selbst, und zu seiner Umwelt.

So ist es mir wichtig, zu fragen:

Was will ich mit meinem Geschenk erreichen? Freude für den Beschenkten etwa? Soll es die Bindung zwischen uns stärken? Will ich mich mit meinem Geschenk beliebt machen? Erwarte ich auch Gegengeschenke?

Meine Antwort auf all diese Fragen ist: Wenn mit einem Geschenk andere Intentionen verbunden sind, außer Freude machen, mir und dem anderen gleichzeitig, sollte man es lieber unterlassen.

Ich rufe die Begeisterung, das Lachen, die Leichtigkeit, die Freude.

A-Ho

Fragen:

Was hat mich früher begeistert?

Was wollte ich?

Was waren meine Ziele?

Was erwarte ich weiterhin?

Was darf sich ändern?

Wo stagniere ich, wo es doch so gut läuft,
wo ich so gut Geld verdiene, ich aber stehe
und nicht wirklich glücklich bin?

Wo arrangiere ich mich aus Angst, Schuld,
oder Bequemlichkeit?

Worüber will ich nachdenken?

Will ich alte Wege verlassen, und der
Freude und Begeisterung folgen?

Will ich neue strahlende Wege gehen, die
mich frohlocken lassen?

Das kann ich tun, indem ich täglich 3 bis 5 Dinge aufschreibe, die mir gut tun. Hierbei erkenne ich, wo mein Fass zum auffüllen ist. Meine Schwächen und Negativen Seiten kenne ich zur genüge. Da haue ich mich schon mal gerne selbst in die Pfanne. Kein Mensch wird so gnadenlos kritisiert wie ich mich selbst. Jetzt geht es darum, mich liebevoll in den Arm zu nehmen, und mich selbst wertschätzen, um zu erkennen:

Ich bin Wertvoll.

Und es kam der Tag, da das Risiko, in der Knospe zu verharren, schmerzlicher wurde, als das Risiko, zu blühen (1).

Schamanismus bedeutet für mich:

Der Schamanismus ist keine Religion. Ich bin auch keine Schamanin, denn das wäre für mich die Definition, ich würde heilen können und das kann ich nicht.

Bewusstes tun um mehr geht es nicht in dieser Weltsicht. Für mich ist der Schamanismus eine Geisteshaltung. Ich lasse mich darauf ein ohne irgendwelche Erwartungen. Ich öffne mich um zu spüren und zu fühlen was da ist. Ich glaube, dass jeder Mensch seinen göttlichen Plan hat, denn für mich spüre ich in meinem Innersten Kern meine Seele. Alles wirkt aufeinander ein und ist miteinander verbunden. Schamanen heißt es, sehen im Dunkeln, und das bedeutet für mich meinen heiligen Raum betreten. Ich liebe das schamanische Arbeiten, indem ich meine Sinne spüre, und Bilder sehe, die mir gut tun. Schamanismus bedeutet für mich dem ureigenen Weg folgen. Ich brauche kein Ritualgewand, die Jeans tun es genauso. Mein Schamanismus unterliegt keinen Dogmen. Er bringt mich zum Ursprung, zu der Ur - Essenz, zu meinem Urvertrauen zurück. Jeder ist willkommen, an welche Gottheit er auch immer glaubt. Es ist ein Verbinden mit dem großen Ganzen. Mit dem „Alles was ist", sein wird und was immer war. Der Schamane glaubt, dass alles beseelt ist, und uns alles verbindet. Ein großes miteinander verwobenes Energiefeld sozusagen. Der Schamanismus ist ein spirituelles Erbe für alle Menschen. Ich trage ihn in mir und bin mit allem verbunden. Mit den Menschen, den Tieren, den Pflanzen, den Steinen und der Erde. Schamanen sehen nicht nur mit ihren Augen, sondern auch mit dem Herzen. Und ich persönlich spüre diese Seelenverbindungen. Ich erinnere mich an die unermessliche Fülle meines eigenen Seins, und das beseelt mich, und macht mich ganz. Auf der schamanischen Reise öffne ich Bewusstseinsräume, und ich komme in Kontakt zu meiner Seele. Es verhilft mir meine Probleme selbst zu lösen. Im Vertrauen darauf mich von meinem Inneren führen zu lassen. Beim Trommeln, bzw. der schamanischen Reise bin ich bereit für bewusste Begegnung mit der geistigen Welt. Das Trommeln bringt mich in meinen heiligen Raum, zu meiner Seele. Fort vom Ego, hinein ins Sein. Es fühlt sich gut an und gehört zu mir, denn hier gibt es keine Regeln. Nichts ist richtig, nichts ist falsch. Es gibt nur spüren, fühlen, sehen, wahrnehmen. Schamanen haben Lehrer im außen und auch Lehrer im Innen. Außen sind das Menschen, die uns anleiten, uns führen und ihre Weisheit an uns weitergeben. Im Innen sind das Krafttiere und Geistführer, die uns auch schon mal in unseren Träumen begegnen.

-listen to your heart-

Andere Religionen belehren, unsere meint:

Dass das Herz jedem Menschen seinen eigenen Weg zeigt (11).

Meine Anmerkungen und Gedanken zu den,

spirituellen Lehrer, und die es meiner Meinung nach gerne sein möchten. Was es alles auf dem Esoterikmarkt zu kaufen gibt: Engelstropfen, Kristalle, Chakrasteine, Pendel, Pyramiden.....

Was genau davon brauche ich zum Leben? Manche Menschen meinen sogar, es zum überleben zu brauchen. Ich für mich brauche davon gar nichts. Ich habe alles in mir. Ich nehme, bzw. kaufe mir schon mal einen schönen Stein und Räucherwerk. Aber nicht weil das alle tun und weil es gerade trendy ist, oder weil der Lapislazuli mein Magenweh zu lindern verspricht, oder der Rosenquarz mein drittes Auge öffnet.

Der Stein gefällt mir und das Räucherstäbchen riecht gut, das ist der alleinige Grund meiner Begierde. Was sollen die Engelstropfenspray eigentlich bewirken? Schutz? Vor was? Dem bösen Blick, meiner

Verwundbarkeit, Unglück, einer schlimmen Krankheit?

Für mich, in meinem Glaubensystem, ist das der totale Aberglaube.

Für mein Glück bin ich ganz alleine zuständig, je nachdem wie ich über bestimmte Situationen denke, und was ich daraus mache. Ich kann mich ärgern, traurig sein oder es leicht nehmen.

Krankheiten kann ich durch körperliche Aktivitäten und bestimmten Essgewohnheiten besser steuern, statt meine Aura mit Essenzen zu besprühen, die mich angeblich, ich weiß nicht wovor, schützen sollen. Und meinen Mann kann ich durch Zaubersprüche, irgendwelchen bestimmten Praktiken, oder mit dem Wissen einer Wahrsagerin auch nicht länger halten wie er bei mir bleiben will. Da probiere ich es dann lieber mit Liebe, Lob, Anerkennung und Kommunikation. Und wenn es vorbei ist, hilft kein Zauber der Welt ihn festzuhalten. Viele Dinge kann ich als Mensch nicht verändern, dazu gehören Unfälle, Krankheit, Verlassen werden und letztendlich der Tod. Was soll dieser spirituelle Lehrer, diese Hilfsmittel in mir bewirken? Welches Leere in meinem Innern sollen sie ausfüllen? Und welche Tasche stopfe ich den Akteuren, die an der Spiritualität viel Geld verdienen?

Bleibt auf dem Boden, bleibt euch treu, hinterfragt jedes Gefühl. Macht nur das was euch wirklich gut tut. Was euch finanziell nicht aussaugt. Wenn ihr schlechte Gefühle verspürt, hört genau hin. Sagt nein zu dem, was euch widerstrebt. Nehmt Auszeit, geht in die Stille. Nur der Schatz in eurem Herzen bringt die wahre Erfüllung. Lasst euch nicht bedrängen, oder gar drohen, vertraut auf eure Stimme, auf euere Intuition (diese Intuition ist so stark in euch verankert und bedarf keiner Hilfsmittel).

An Engel, Geister, Dämonen glaube ich nicht, wohl an meine inneren Bilder, und ich nehme auch ganz gerne meine Träume unter die Lupe, und natürlich besuche ich Kurse und Seminare. Auch habe ich Lehrer im Außen, aber ich bin bewusst dabei, und hinterfrage Dinge, die mir auffallen und besonders die Dinge, die mir nicht gefallen.

Dem Lehrer, oder dem Guru, dem ich folgen sollte, kann sterben, und dann bin ich wieder alleine. Niemand im Außerhalb kann mir die Erfüllung geben. Nur ich selbst. Ich bin selbstbestimmt und alle Praktiken, die mir nicht gefallen, lasse ich sein.

Ich mache mir gute Gefühle und merke das schon, wenn ich mich für so ein Treffen bereit mache. Trödle ich, bin ich lustlos, habe ich Bauchgrummeln? Dann weiß ich meine Körpersignale zu deuten, und gehe nicht mehr hin, weil es mir nicht gut tun würde. Auch bin ich schon in einem Seminar einfach aufgestanden und gegangen, ohne es danach groß zu analysieren und zu hinterfragen, warum ich gegangen bin. Es war einfach nicht meins. Aus und vorbei. Ob den anderen goldene Zehnnägel wachsen, für mich war es das nicht.

Ich weiß auch, wenn ich vor dem Kühlschrank stehe, was ich will und was nicht.

Da gibt es zwei Gefühle:

Ist es ein mmmmhhhhhh.....dann ist das gut. Ist das ein bah......dann ist das eben nicht gut. Meiner Meinung nach, sind viele spirituelle Lehrer Scharlatane und Rattenfänger, und leider gibt es zu viele leichtgläubige und unbewusste Menschen, die sich selbst nicht wahrnehmen, die gerade darauf hereinfallen.

Schade eigentlich. Ich brauche diese „Hilfskrüken" nicht, denn alles ist in mir. Nämlich die ganze Fülle des Universums. Ich öffne einfach meine Sinne. Darf Vertrauen haben und es zulassen.

Ich habe mir einen Ring gekauft auf dem steht in Sanskrit (der alten indischen Sprache): „Mögen alle Lebewesen überall frei und glücklich sein, und möge ich mit meinen Gedanken, Worten und Taten bestmöglichst dazu beitragen".

Dieser Ring hat erstens kein Vermögen gekostet, und zweitens birgt er keine Zauberkräfte, er verspricht mir auch nichts. Er erinnert nur daran, mich und die anderen zu schätzen und zu respektieren.

Der folgende Spruch ist auf meinem Mist gewachsen:

„Bei aller Esoterik und Spiritualität. Sollten wir nicht vergessen, dass wir 2 Beine haben und keine Flügel“.

Verbringe deine Tage, mit dem was dir wichtig ist und widme den Dingen, die es nicht sind, keine Energie.

Auf dem Weg der Selbsbestimmung frage ich mich zwischendurch:

Bin ich Königin, oder Sklavin ?

Oder bin ich einfach nur ich?

Warum gehe ich nicht mehr gerne in Fußgängerzonen?

In meiner Jugend, damals lebte ich noch in Freiburg, ging ich allzugern in die Fußgängerzone.

Seit meinem Umzug nach Bayern hat es mich nach München, Rosenheim, oder Salzburg gezogen. Auch in andere Städte Deutschlands, so nach Hamburg oder Berlin.

Mittlerweile ist diese Begeisterung für die „Fußgängerzone", egal in welcher Stadt sie ist, ziemlich verschwunden.

An was liegt es? Ich dachte, nun gut, ich bin älter geworden, ziehe die Natur den Geschäften vor.

Doch neulich sind mir plötzlich die Augen aufgegangen: Die Innenstädte ähneln sich, ob in Berlin, München, Hamburg oder Freiburg, ja wahrscheinlich in der ganzen Welt. Überall, gibt es Tchibo, s. Olliver, Esprit, Kick, Penny, Mc Donald, Burger King und andere. Und alle haben das gleiche, die gleiche Kollektion, das gleiche Essen, oftmals sogar die gleiche Einrichtung.

Und ehrlich gesagt, das ist mir zu langweilig. Meine Inspiration geht verloren, meine Individualität und meine Fantasie.

Wenn ich mir einen Pullover in Hamburg kaufe, begegne ich dem gleichen hier auf der Straße wieder. Dieses Bild zerstört meine Träume, macht mich müde und lässt mich resignieren.

Ich bin auf der Suche nach Begeisterung und nach der Vielseitigkeit des Lebens. In den Fußgängerzonen Deutschlands kann ich diese für mich leider nicht mehr finden. Diese Eintönigkeit wird uns durch den Kommerz diktiert. Weihnachtsmänner im Frühherbst, Osterhasen gleich nach Neujahr.

Wenn ich mich nach dem Sinn des Lebens frage, kommen mir die oben beschriebenen Bilder in den Kopf.

Für mich passt dieser Spruch:

„Wir wünschen uns Geld, weil wir uns besser fühlen wollen, wir wünschen uns Gesundheit, weil wir uns besser fühlen wollen, wir wünschen uns eine schöne Liebesbeziehung, weil wir uns besser fühlen wollen, würden wir uns also gleich als Ziel setzen, uns gut zu fühlen, könnten wir uns eine Menge Arbeit sparen"(6).

Die Falle des Grübelns, und wie komme ich heraus?

Ich fliege demnächst nach London. In der Nacht wache ich auf mit beunruhigenden Gedanken, da fange ich an, mich zu fragen: Ist mein Pass doch schon abgelaufen? Hoffentlich wird es auf dem Weg zum Flughafen keinen Unfall geben, wie mache ich das, mit dem Geldumtausch? Ob ich lieber englische Pfund mitnehme, oder direkt am Londoner Flughafen umtausche?

Aber was mache ich dann wenn der Automat dort nicht funktioniert?

Diese Gedanken beunruhigen mich und rauben mir den Schlaf, sie kleben wie ein Kaugummi an mir, obwohl ich mir, zu diesem Zeitpunkt in der Nacht, kaum eine verbindliche Antwort geben kann (abgesehen von der Feststellung der Gültigkeit meines Passes).

Wenn mich diese, oder ähnliche, Gedanken belasten, habe ich eine Methode entwickelt, die mir immer wieder hilft, zu meinem Schlaf zu finden:

Ich nehme mir eine schöne Schale, lege hinein kleine Perlchen, Kieselsteinchen, Erbsen, oder Linsen.

Und jedes mal wenn ein solcher Gedanke kommt, der mich belastet, greife ich in die Schale, und lege ein Steinchen daneben. Damit hole ich symbolisch den belastenden Gedanken aus meinem Kopf.

Natürlich sind die Gedanken nicht alle gleich weg, und deshalb brauchen manche eben mehrere Steinchen. Mein Ziel, wieder einzuschlafen, erreiche ich immer.

@Andrea Hofhammer

Gedanken (die sich im Hirn)
wie Efeu ranken.
Geh'n sie ins Licht?

Oder macht gerade alles dicht?
Dein Denken bestimmt,
wohin dich die Zukunft bringt.
Drum mache geschwind
das Denken zum Wind.
Lass sie geh'n, du wirst es überstehn.
Gedanken sind meine,
komm mit dir ins reine
und benutze sie nicht wie Steine.

3 Fragen:

Was mag ich?

Was liebe ich?

Was brauche ich für mein inneres Gleichgewicht?

Antworte schnell, das erste, was dir in den Kopf kommt, passt. Bitte antworte ehrlich, und nicht was dein Verstand dir zuflüstert. Du musst es ja niemanden sagen, was dir eingefallen ist.

....

....

....

....

....

Mein Weg ist mein Weg, und nicht der Weg meiner Familie, nicht der Weg meiner Eltern, nicht der Weg meines Partners.

Das heißt im Klartext:

Da sein für mich, Jacke kaufen für mich, schön sein für mich, unordentlich sein für mich, nicht perfekt sein für mich, schlecht gelaunt sein für mich, tanzen für mich, fröhlich sein für mich, unehrlich sein für mich, weg fahren für mich, Urlaub machen für mich, egoistisch sein für mich, lustig sein für mich, schreien für mich, wütend sein für mich, Lob haben für mich, im Kino laut schluchzen für mich, dem dreisten Saunaglotzer laut zu sagen, er soll sich verziehen für mich, nichts kochen für mich, gut kochen für mich, den ganzen Tag einkaufen gehen für mich, schön anziehen für mich, verwöhnen für mich, sagen, was ich will für mich, das Essen zurückgeben, wenn es nicht schmeckt für mich, meine Meinung aussprechen, auch wenn ich mit den anderem im Raum nicht übereinstimme für mich, selbstbestimmt sein für mich, lachen für mich, albern sein für mich, nein sagen für mich, nicht zur Arbeit gehen, wenn ich krank bin, für mich, nicht das tun, was andere von mir verlangen, für mich, unbequem und ruppig sein für mich, aufzustehen und zu gehen, wenn Leute mit denen ich verabredet bin, dauernd mit dem Handy telefonieren, für mich, mich nicht an Dramen anderer Leute beteiligen für mich, Mut haben für mich, verbale Übergriffe von einem Vorgesetzten nicht hinnehmen für mich, mir nicht diktieren lassen, für was ich mich interessieren soll, was ich anziehen soll, was ich essen soll, welche Musik ich hören soll für mich, mich von nichts und niemanden hetzen lassen für mich, zufrieden sein für mich, glücklich sein für mich, satt sein für mich, Schokolade kaufen, verzehren und kein schlechtes Gewissen zu haben für mich, Essen was ich will, und wie viel ich will, für mich, mich entscheiden nicht zu einem Treffen zu gehen, bei dem stundenlang sinnlos gequatscht wird für mich, mich nicht am Klatsch über andere beteiligen für mich, mich mögen wie ich bin für mich.

Die Aufgabe der Frauen ist es, das zu tun,
was nur Frauen tun können, und nicht das,
was man ihnen erlaubt, zu tun (9).

Um mir meine Tage zu versüßen, denke ich mir Tages-Mottos aus

(jeden Tag gezielt was für mich tun).

Motto 1:

Jammere nicht, ändere was.

Beim jammern befindest du dich in der Folterkammer des Selbstmitleids. Du bist das Opfer und die andern sind schuld. Hör auf, dich selbst zu bemitleiden, überlege dir Lösungen. Ändere etwas! Du kannst sein, Was und Wer du sein willst. Aber erinnere Dich immer daran, dass du nur den einen endlichen Körper hast. Du bist der/die König(in), deines Lebens.

Mach und bewege etwas, und halte nicht still. Raus aus der selbstauferlegten Folterkammer: du hast den Schlüssel.

Es ist nicht wenig Zeit, die wir haben, sondern es ist viel Zeit, die wir nicht nutzen(14).

Motto 2:

Folge deiner Begeisterung.

Mich begeistern Menschen, die gut darauf sind, die Ziele haben, und ihre Visionen umsetzen und sie auch leben. Menschen, bei denen Körper, Geist und Seele in Einklang sind. Man sieht es ihnen an, dass sie Freude am Leben und an sich selbst haben.

@Andrea Hofhammer

Liebe meines Lebens.

Hörst du die Trommel, meines Herzens.
Du, die ich dich halte in meinen Armen,
dir Trost, Liebe und Geborgenheit gebe.
Tok, tok, tok, lausche der Trommel,
folge dem Herzschlag der Erde,
des Vertrauens, der Liebe meiner Seele.
Zwei Königskinder sind wir,
so nah und doch so fern.
Den wahren Schatz haltend in den Händen.
Die Trommel schlägt, den Takt des Lebens.
Tok, tok, tok, kannst du es hören.

Motto 3:

Mach es dir leicht.

Was die anderen sagen: „Das Leben ist kein Zuckerschlecken“.

Na, es gibt immer mehrere Wahrheiten.

Wenn es draußen schlechtes Wetter ist, muss ich ja nicht auch schlechte Stimmung haben, auch wenn ich mir für diese Tage extra Urlaub genommen habe.

Nimm an, was ist. So sein ist das Zauberwort.

Das annehmen, was gerade ist.

Es regnet. Mein Bein ist gebrochen. Mein Mann hat mich verlassen. Ja tragisch, wirklich nicht schön. Aber wenn ich mir das Leben schwer mache, ändert sich auch nichts. Der Mann bleibt trotzdem weg. Es regnet weiter, und die Urlaubszeit tickt. Und ein Bein ist auch noch nie mit schlechter Laune schneller zusammen gewachsen.

Motto 4:

Vergleiche dich niemals,

wirklich niemals, mit anderen (es gibt immer einer der reicher ist, und immer einer, der ärmer ist. Es gibt immer einen, der jünger, weiser, dünner, dicker, länger, kürzer, gesünder, interessanter, charmanter u.s.w. ist).

Und was ich kann, kann nur ich. Ich nehme mich an, wie ich bin und wer ich bin.

Ich war mal zur Massage am Chiemsee. Ich liebe Hammam, das ist eine Bürsten-Seifenmassage. Ich lag da auf dem warmen Stein, und die Behandlung begann. Was auch begann, war mein Denken. Ich Wahnsinnige begann zu vergleichen. Ich habe da nämlich einen wahren Schatz in Berlin gefunden. Da gibt es ein Frauenhammam und die machen das so außergewöhnlich gut, dass meine Gedanken sich dorthin verirrten. Doch Gott sei Dank besann ich mich wieder. Wie können die Leute in Bad Aibling es der Hamammeisterin in Berlin gleich machen. Ich vergaß Berlin und gab mich dem Moment hin. Und, es war, auch in Bad Aibling, fantastisch und ein wunderschönes Erlebnis.

Deshalb: „Vergleichen ist das Ende des Glücks und der Anfang der Unzufriedenheit"(15).

Motto 5:

Mit Liebe und Hingabe:

Meinen Job, meine Partnerschaft, die Freizeit, auch Haushalt, Kinder, Eltern, Haustiere, alles mit voller Liebe und Hingabe machen. Nur wenn ich mit Liebe mein tägliches Tun würze, kann es funktionieren. Und lieben kann ich es erst, wenn ich es auch gerne tue. Also was darf ich verändern? Wie soll mir das tägliche Tun leichter fallen? Ich kann z.B. in meinem Seelenbuch blättern und nachschauen, was mir Freude und Ausgeglichenheit bringt. Und unbedingt in diesem Buch weiterlesen, weil da kommen noch ein paar Ideen, wie ich/du/wir das alles schaffen können. Sei geduldig und liebevoll mit dir selbst, dann sind wir alle auf einem guten Weg.

Motto 6:

Sich gegenseitig, gut fühlen!

Mir ist sehr wichtig, dass sich alle in meinem Zu Hause wohl fühlen. Mein Partner, meine Kinder. Jeder soll gerne die Wohnungstüre aufschließen und so sein dürfen, wie er ist. Warum sollte ich in einer Partnerschaft sein, wenn die mir keine guten Gefühle macht? Ich habe mir diesen Partner gewählt, um gern mit ihm zusammen zu sein. Ich will ihm gerade in die Augen schauen können. Ich will mich wohl fühlen, in seiner Umgebung und den größten Teil meines Lebens mit ihm, als wichtigsten und besten Freund verbringen.

Man sollte sich gegenseitig gute Gefühle machen, in der Familie, bei den Freunden, bei den Kunden.

Auch bei meinen Vorhaben, meinen Träumen und meinen Zielen, will ich gute Gefühle haben. Ansonsten mache ich mir schlechte Laune und das Leben zur Hölle, ich kann mich gut an meine Kindheit erinnern, da bin ich oft nicht gerne nach Hause gekommen und gute Gefühle hatte ich auch nicht, weder bei meiner Mutter, noch bei meinem Vater. Damals, wusste ich noch nicht, dass ich das selbst hätte ändern können, und dass ich damals, aus Unwissenheit, schlechte Laune und schlechte Gefühle hatte, weil ich alles persönlich nahm.

Da war schlechte Stimmung und ich habe mitgemacht. Heute weiß ich, dass alles in mir liegt, und ich habe die Kraft, es zu ändern. Und darüber bin ich sehr froh.

Motto 7:

Nimm nicht alles persönlich.

Wenn vor dir ein Mann geht und er dir die Türe vor der Nase zuknallen lässt, denke daran, er meint dich wahrscheinlich gar nicht. Vielleicht hat er gerade erfahren, dass er krank ist. Oder dass seine Frau ihn verlassen will. Seine Unaufmerksamkeit, seine Übellaunigkeit, hat nichts mit dir zu tun. Er kennt dich ja gar nicht. Manchmal, trügt der Schein. Stelle dir vor, du stehst im Winter unter einem Baum, und es fällt eine Ladung Schnee auf deinen Kopf. Bist du da nicht auch ähnlich empört, wie bei dem vorherigen Beispiel? Das hängt alles mit dir zusammen. Ob du gelassen oder ärgerlich reagierst. Was passiert, passiert. Aber es hat meist nichts mit dir zu tun.

Motto 8:

Mache einen Tfm (einen Termin, für mich).

Der Tag, die Minute, gehört mir und ich bin verantwortlich dafür. Also, wie will ich mich heute und jetzt fühlen? Und was will ich heute tun?

Massage, Friseur, Badewanne, Thermenbesuch, Theater, Kino, Wassertreten, Minigolf, Bücherei, Shopping, Spaziergang, Schnitzkurs, Tanzen, singen, lachen.

Meine schamanische Sicht:

Gehe in die Natur, setze dich an einen Stein, lehne dich an einen Baum und nimm die Schönheit und Liebe in allem wahr. Die Natur führt dich zum Frieden und zur Freude zurück.

Motto 9:

Frage nach dem, was du willst und gib dir selbst, was du willst.

Dazu ein kleines Gedicht:

Flamme der Selbstliebe brenne in mir.

Flamme des Mutes, mich so zu nehmen wie ich bin, brenne.

Lasse alle Ängste und Zweifel im Keim ersticken.

Flamme der Freude,
bringe mich zum Lachen.

Lasse mich beim Blick in den Spiegel,

die Flamme meines Herzens sehen.

Lass mich erkennen, wie schön und wertvoll ich bin.

Brenne kleine Flamme, brenne.

Werde groß und werde stark.

Lass mich leuchten, lasse mich deine
Wärme spüren.

Hell warm und strahlend wie die Sonne.

Flamme der Begeisterung brenne.

Flamme der Ideen
und der Leidenschaften brenne.

Flamme die du dich Leben nennst, wachse,

und breite dich aus in mir

und wecke mich endlich auf.

Motto 10:

Versuche doch einmal ein Sahneschnittchen sein, und es auch zu leben.

Zeige heute der Welt, und dir selbst, deine Schönheit, dein Strahlen, deine Weiblichkeit. Hole dir die schönsten Kleider aus dem Schrank. Ketten, Ringe, bunte Schals, die Schuhe und den Lippenstift. Die schönste Unterwäsche, all das, was du sonst vielleicht im Alltag nicht anziehst. Mache dich schick, stell dir vor, du hättest eine Verabredung mit einer neuen Liebe. Nur, dieses mal bist du die Beschenkte. Denke dran, du bist die Königin deines Lebens, also spüre es. Sei wahrhaftig. Wenn du heute Lust darauf hast dich verrückter, weiblicher, flippiger anzuziehen. Hast du Lust, dich grell zu schminken, prima, dann tu es. Es ist dein Tag, dein Leben. Alles was uns davon abhält zu leben, und Freude zu empfinden, sind lediglich unsere Gedanken. „Oh was werden, die Nachbarn denken? Wie kommt denn die daher? Hat sie heute nichts zu tun"? Höre auf damit, auf die anderen zu schauen. Sei authentisch. Lebe dein eigenes Leben. Die anderen können es ja nachmachen. Sie können aber auch wegschauen. Sie können sich das Maul zerreißen, aber was soll es? Sie tun es sowieso.

Was Andere sagen, geht dich weitgehenst,

nichts an. Aber, wie du dich fühlst schon. Mein eigenes Unbehagen mich unter der Woche schön zu machen kommt aus meiner Kindheit. Da gab es die Unterteilung Werktage und Sonntage. Am Sonn und Feiertagen wurden die guten Kleider aus dem Schrank geholt. Man hat sich dann schick gemacht. Und die Werktage?

Nun ja, die waren es nicht wert, besonders schön auszusehen. Da musste es immer einen besonderen Anlass geben. Man ging zum Essen, oder es wurde ein besonderer Geburtstag gefeiert. Die absolute Idiotie, jeder Tag kann ein Sonntag sein, jeder Tag darf gefeiert werden.

Hurra wir leben, und da ist der Mittwoch, dem Sonntag gegenüber gleichwertig. Also raus in die Welt, und mit den guten Klamotten.

Und: Hätte Gott mich anders gewollt, hätte er mich anders gemacht(5).

Motto 11:

Hören, fühlen, schmecken.

Gehe heute doch mal durch deinen Tag, indem du deine Sinne wahrnimmst. Laufe barfuß durch das Gras. Schließe die Augen, und höre die Geräusche, in deiner nächsten Umgebung.
Als meine Tochter jünger war, fragte ich sie, ob sie mal ihre Sinne spüren möchte. Nachdem sie eingewilligt hatte, es war an einem herrlich warmen Sommernachmittag, bat ich sie, sich die Augen zuzuhalten, und sich ihre Schuhe auszuziehen. Vorsichtig nahm ich sie an meine Hand und führte sie durch die von der Sonne aufgewärmte Wiese, danach zog ich sie in den Schatten eines mächtigen Baumes um anschließend mit ihr durch den warmen Sand eines frisch aufgeschütteten Sandkastens zu marschieren. Anschließend setzte ich sie auf einen Gartenstuhl und bat sie, den

Geräuschen ihrer Umgebung zu lauschen. Zuerst hörte sie das laute Niesen eines Nachbarn, dann ein herannahendes Auto, und zum Schluss hörte sie das Summen und Brummen der fleißigen Bienen in dem Busch hinter ihrem Rücken.

Motto 12:

Love it, change it, or leave it.

Wenn mich jemand schlecht behandelt, muss ich mir das ja nicht gefallen lassen. (Es gibt einen, der einem schlecht behandelt, und es gibt den anderen, der sich schlecht behandeln lässt).

Sei du der/die Bestimmer/in deines Lebens.

Jemand sagte mir einmal, verliebe dich bloß nicht, du könntest verletzt werden. Ich sagte darauf, lebe bloß nicht, du könntest sterben.

Motto 13:

Benutze einen Spiegel, wenn du lernen willst, dich wertzuschätzen.

Mache dir Komplimente, sage: Ich sehe toll aus. Ich mag mich so wie ich bin. Ich bin einzigartig. Ich liebe mich. Ich bin schön. Ich bin stark. Ich bin wunderbar. Der Spiegel sollte unser Freund sein, nicht unser Feind. Wir sollten unser bester Freund sein und uns nicht dauernd in die Pfanne hauen. Unsere beste Freundin nehmen wir auch liebevoll und tröstend in den Arm, wenn etwas sie bedrückt. Also bitte, fange zuerst bei dir an. Fange an, dir zu verzeihen. Fange an dich selbst zu umarmen und dich selbst zu verstehen. Das kannst du erreichen, indem du dir selbst zuhörst.

Ich besuchte vor einiger Zeit einen schamanischen Kreis für Frauen. Alle stellten wir uns im Kreis auf und eine von uns wurde besungen, mit folgendem Lied: „Anja ist ne schöne Frau, schöne Frau, schöne Frau, Anja ist ne schöne Frau, und das weiß sie ganz genau. Anja ist ne starke Frau, starke Frau, starke Frau, sie geht ihren Weg. Schöne Frau, starke Frau, schöne Frau, starke Frau".

Das hört sich vielleicht recht albern an. Aber es macht Sinn.

Solange ich all die Frauen um mich herum besungen habe, ging es mir gut. Ich fühlte mich stark. Aber dann war ich an der Reihe, und wenn 8 Frauen ein Loblied auf dich singen, war das anfangs alles andere, als angenehm. Doch wurde diese Übung des öfteren wiederholt, womit auch das nötige Selbstbewusstsein dazu kam, um das gehörte Lied, den gesprochenen Text, die anerkennenden Blicke von den anderen Frauen, wertzuschätzen, zu genießen, aufzusaugen es dann tatsächlich zu glauben und es anzunehmen.

Probiere es doch mal aus, schaue in den Spiegel und sage: „Anja, Maria, Petra, Peter, Paul etc. .... ich liebe mich".

Versuche es täglich, und bleibe dran.

Wir wollen doch lernen, uns selbst lieb zu haben, und wir sind alles, was wir haben. Hier liegt der Schlüssel.

Dazu ein passendes Zitat:

„Wenn du etwas besonders gutes, oder auch etwas verletzendes gemacht hast, schaue in den Spiegel und sage: Ich bin wertvoll. Es ist nicht so einfach, zu seinem eigenen Spiegelbild zu sagen. Ich bin wertvoll. Doch wenn du es dir selbst ins eigene Gesicht sagst und wenn du dann jede deiner Taten, vor dir selbst vertreten kannst, wirst du wahres Glück erfahren".(9)

"Ich bin die die ich bin, ich bin die die ich bin, ich bin die die ich bin, ich bin die die ich bin."

Motto 14:

Drehe deine Erwartungen um, und akzeptiere das Leben so wie es ist.

z.B. Er soll freundlicher zu mir sein, in: „Ich soll freundlicher zu ihm sein, ich soll freundlicher zu mir sein, und er soll nicht freundlicher sein". (Denn er ist es definitiv nicht).

z.B. Er soll unseren Jahrestag nicht vergessen, in: „Ich soll den Tag nicht vergessen", ich kann ihn ja daran erinnern. Ich soll es nicht persönlich nehmen, er hat es vergessen. Na und, Hauptsache ist: Ich denke daran.

z.B. Die Kollegin, soll nicht lügen. Umdrehen in: „Ich soll nicht lügen". Ich muss da ja nicht mitmachen, ich sage was wahr ist. Es ist ihre Angelegenheit, wenn sie lügt. Sie ist erwachsen. Ich spiele ihr Spiel nicht mit. Ich bleib wahrhaftig, und sie soll weiter lügen, denn genau das tut sie ja. Darauf habe ich nicht den aller kleinsten Einfluss, und mir ist meine Zeit viel zu schade, um mich damit zu beschäftigen.

z.B. Sie soll mich nicht anschreien, in: „Ich soll sie nicht anschreien, und ich soll mich nicht anschreien". Sie soll schreien, denn das tut sie ja, d.h. Nicht dass ich klein beigebe, wirklich nicht. Ich lasse mich nur nicht darauf ein, ich bleibe ruhig, geduldig und sachlich, wenn alles nichts hilft, verlasse ich die Situation, gehe weg aus der Konfliktzone, denn, wenn die ganze Welt auch mit Gift spritzt, muss ich das ja nicht annehmen und reflektieren.

zB.: Die Frau, die beim Einkaufen ewig brauchte, um ihr Kleingeld zu sortieren, und noch länger ihren Einkauf vom Laufband wegzubekommen. Bestimmt hat sie es gesehen, dass die Verkäuferin mit den Augen zur Decke schaute, und alle Wartenden in der Schlange furchtbar genervt waren. Was heißt das für mich? Es bedeuted nur, eine extra Portion Geduld aus dem Ärmel zu schütteln, freundlich zu lächeln und einfach abwarten. Im Endeffekt sind das nicht mal 5 Minuten, durch Ärger, Hetze und Streiten geht es auch nicht schneller. Die Frau konnte einfach nicht schneller, und sie tat es bestimmt nicht, um uns zu ärgern. Es sind ihre Angelegenheiten wie schnell sie agiert, und es sind meine Angelegenheiten, etwas aus dieser Situation zu machen.

Ich werde auch mal alt und da lässt Schnelligkeit bekanntlich nach. Also bin ich allein schon durch das eigene Wissen, liebevoller im Umgang mit ihr.

Jeder ist für sich selbst verantwortlich, und ich muss, bei solchen Situationen, nicht mit den Anderen mitmachen. Ich drehe meine Gedanken um, bin geduldig, freundlich, liebevoll und hilfsbereit, mit mir selbst und dem Nächsten.

Vielleicht wäre es besser, wir würden auf unser eigenes Leben schauen, und lieber vor der eigenen Haustüre kehren. Mit meinem nicht Fleischessen wollen, hebe ich ja auch den moralischen Zeigefinger. Hier gehöre ich dann sozusagen zu den „Guten". Bei mir muss kein Tier sterben.

Und ab und zu, tue ich das immer noch. Ich habe auch nichts dagegen einzuwenden, wenn andere noch regelmässig Fleisch essen. Für mich selber reduziere ich meinen Fleischkonsum erheblich, weil es mir gut tut.

Alles im Außen, was mir auffällt, darf ich mir anschauen. So z.B. Sachen die mich nerven, auch was mich ärgert und auf die „Palme" bringt. Ich verwende dabei das Prinzip des „Umdrehens". Ich denke nicht mehr so: Sie könnte schneller machen, er sollte aufstehen und in die Arbeit gehen. Sie sollte sich nicht vordrängen, er sollte nicht rauchen, er sollte mich anrufen. Sie sollte mir mein Buch zurückgeben. Usw., sondern drehe mein Denken in :„Ich sollte geduldiger sein. Ich soll aufstehen und in die Arbeit gehen. Ich sollte mich nicht vordrängen. Ich sollte nicht rauchen und mich gesund ernähren. Ich sollte ausgeliehene Sachen zurückgeben. Ich sollte nicht verurteilen".

Ich kann den anderen Menschen nicht und niemals ändern, sondern ich darf ihn genauso lassen wie er ist. Es sind seine Angelegenheiten.

Aber ich kann drauf hinweisen, du hast noch ein Buch von mir, wann bringst du es mir zurück? Ich würde sagen: Frieden, ist ein Geschenk, dass ich mir selbst mache, jeden Tag und jede Minute.

Ob wir uns ärgern, oder nicht können wir ganz alleine steuern, wenn wir uns z.B. an diese indianische Weisheit erinnern:

Ein Großvater sagte einmal: in jedem von uns leben 2 Wölfe, der eine ist freundlich, aufbauend und friedfertig, der andere grausam, zerstörerisch und verletzend. Und welcher der Beiden ist der stärkere? fragte sein Enkel. Der, den du fütterst, antwortete der alte Mann.

Es ist Unsinn, sagt die Vernunft,
es ist was es ist, sagt die Liebe.
Es ist Unglück sagt die Berechnung.
Es ist nichts als Schmerz, sagt die Angst.
Es ist aussichtslos sagt die Einsicht.
Es ist was es ist sagt die Liebe.
Es ist lächerlich sagt der Stolz.
Es ist leichtsinnig sagt die Vorsicht.
Es ist unmöglich sagt die Erfahrung.
Es ist was es ist sagt die Liebe(4).

Motto 15:

Vorbilder:

Hier habe ich mir über die Vorbilder, die ich habe, Gedanken gemacht. Vorbilder, die mich beeinflusst haben, und noch beeinflussen.

Vielleicht fallen dir auch welche ein. Dann

schreibe dir 5 bis 10 Vorbilder auf. Menschen, die du bewunderst, Menschen aus deiner Nachbarschaft, aus der Familie, aus Musik, Film, Fernsehen und sonstigen Medien. Vorbilder, ob bereits tot, oder noch aktiv im Leben.
Diese Personen sind oft dein Spiegel, und zeigen dir Dinge, die auch du in dir hast.

Ich bewundere, z.B. meine Nachbarin, welche 3 Kinder hat. Sie hat viel Humor, ich höre sie sooft durch die Türe lachen. Sie nimmt sich viel Zeit für ihre Familie, ist gelassen und entspannt, hat dabei aber auch genügend Konsequenz, dass ihr keiner auf der Nase herumtanzt. Sie kocht viel Gemüse aus dem eigenen Garten, und es wird von ihren Kindern, wie mir scheint, auch gerne gegessen. Bei mir zuhause gibt es dagegen mehr Diskussionen. Dann nehme ich noch als Vorbild ihren Ehemann. Er ist ein Familienmensch, ist immer präsent für seine Familie, was ja nicht immer so selbstverständlich ist. Familie und Elternschaft ist den beiden sehr wichtig, und das gefällt mir.

Ja, und dann mag ich die Schauspielerin Hannelore Hoger, z.B. in der Serie Bella Block. In der Rolle, die sie besetzt, ist sie bockig und kautzig, und sie weiß, was sie will. Es ist nicht immer gut Kirschen essen mit ihr, denn sie gibt sich unbequem. Ich mag es, wie sie zu sich steht, und es sieht aus, dass sie sich so akzeptiert, wie sie ist. Sie trägt, ab und zu, auch Schuhe mit hohen Absätzen und trinkt gerne mal ein Glas Rotwein.
In meinem Arbeitsfeld mag ich eine alte Patientin von mir, die leider schon gestorben ist. Sie hat mit 85 Jahren noch ein großes Frühstück bei sich zu Hause für ihre noch lebenden Freunde organisiert, einschließlich einer fremden Bedienung. Das Fest war ein voller Erfolg. Sie war sehr zufrieden. Ihre Freunde aber auch.
Am Rosenmontag hat sie es nie versäumt, die Tv- Übertragung des Karnevalsumzugs in Düsseldorf, anzuschauen. Sie machte sich regelmäßig schick und hatte die schönsten Nachthemden, die ich je gesehen

habe. Sie gibt mir Mut und Kraft, positiv und entspannt in meine eigene Zukunft, dann selbst als alte Frau, zu schauen.

Ich finde Nick Vujicic unvorstellbar gut. Diesen Mann, der ohne Arme und Beine auf die Welt gekommen ist, und der sich, von seinem harten Schicksal, nicht hat unterkriegen lassen. Dieser Mann „steht" vorne auf der Bühne, und predigt uns Gesunden: „Gebt niemals auf". Dieser Bündel an Energie schwimmt, surft, ein erfolgreiches Unternehmen leitet, und der eine wunderschöne Frau geheiratet hat. Er wird von vielen tausenden Menschen geliebt und bewundert (schaue bei YouTube nach unter: „no arms no legs").

Und da gibt es noch die Schriftstellerin Luisa Francia, die ich bewundere. Sie schreibt seit vielen Jahren ein Internettagebuch (www.salamandra.de). Diese Frau hat so manchen tragenden Satz in mir geprägt. Unter anderem den Satz: „Lieber einmal eine Tigerin, als tausend mal ein Schaf". Luisa ist schonungslos ehrlich, sagt was sie denkt, nimmt kein Blatt vor den Mund und spricht mir mit vielen Dingen aus der Seele. Sie hat mich für meinen selbstbestimmten Weg gestärkt, und mir bestätigt, dass es für den einzelnen gut sein kann, die Herde zu verlassen. Danke Luisa, ich bleibe dein Fan.

Motto 16:

Gute Mädchen kommen in den Himmel, böse überall hin.

Höre auf, es allen recht machen zu wollen, denn du kannst nicht everbodys Darling sein.
Die Leute, die vermutlich hinter deinem Rücken über dich herziehen, tun das sowieso. Egal, wie lieb und angepasst du bist. Sei endlich du selbst.
Auf diese Menschen kannst du getrost verzichten.

Diese indianische Weisheit finde ich, passt ganz gut: "Für uns Indianer, hängt der Erfolg nicht davon ab, wie viel man verdient, oder welche gesellschaftliche Stellung, man einnimmt, sondern einzig und allein davon, wie glücklich man ist".

Motto 17:

„Sei wild, sei frech, sei wunderbar".
„Astrid Lindgreen"(10)

Tritt heute mit diesem Motto in die Welt und schaue, was passiert.
Mich inspiriert dieser Ausspruch der berühmten Kinderbuchautorin, und ich denke dabei sofort an die wilde, selbstbestimmte Pippi Langstrumpf.
Vielleicht kannst du heute mal versuchen, mit den Augen einer Pippi Langstrumpf durch den Tag zu gehen.

Motto 18:

Koche dir eine besondere Marmelade nach diesem Rezept: Packe dir schon beim Aussuchen der Zutaten, Liebe mit in den Einkaufskorb. Gehe auf den Markt, oder zu einem Bauer, vielleicht auch aus dem eigenen Garten. Suche dir die allerbeste Ware. Hauptsache von da, wo du weißt, die Früchte haben genug gute Luft geatmet, und haben, an einem herrlichen Platz in der Natur, reichlich Sonnenlicht getankt. Du packst dir nämlich in diese Marmelade, nicht nur Liebe, (bei jedem Umrühren daran denken) du packst dir auch die Energie des Sommers mit hinein. Fülle alles in ein wunderschönes wertvolles Gefäß und beim Verzehr wirst du spüren, welche Qualität diese Leckerei hat. (Das erinnert mich an ein Buch, welches ich meinen Kindern gerne vorgelesen habe. Das handelte von einer kleinen Maus, welche im Sommer Sonnenstrahlen einfing und sie sammelte. Nichts anders tat sie. Die anderen Mäuse hielten sie für verrückt, tuschelten hinter ihrem Rücken, und erklärten ihr Tun als unnütz. Als dann der Winter hereinbrach und alle Mäuse in ihrer dunklen kalten Höhle versammelt waren, packte diese Maus, großzügig ihre Sonnenstrahlen aus und wärmte damit viele Mäuseherzen).

Motto 19:

Mache dir eine Steinmassage:

Suche dir beim nächsten Spaziergang ein paar schöne Steine, am besten von einem Fluss, oder sogar vom letzten Meeresurlaub. Dort gibt es oft Steine, die vom Wasser abgeschliffen sind, und die daher auch gut auf deiner Haut entlang gleiten können. Jeder Stein erzählt eine andere Geschichte, Steine sind so alt, so mächtig. Es macht Spaß, sie zu suchen und zu finden. Sie zu fragen ob sie mitkommen wollen. Steine sind bezaubernd, heilend und nährend zugleich. Den richtigen Stein zu finden, ist nicht allzu schwer. Einer der sich gut anfühlt. Die etwas dunkleren Steine speichern die Wärme anhaltender.

Streiche damit über deinen Arm, und spüre, wie sich das anfühlt. Bedenke, dass Steine die vom Wasser eines gesunden Naturteichs, oder eines Flusses, einem klaren Gebirgsees „energetisiert" wurden, heilsam auf deinen Körper, Geist und deine Seele wirken sollen. Wasche die Steine und lege diese in einen Topf. Anschließend die Steine mit heißem Wasser übergießen. Gebe die Steine die bei dieser Prozedur zerspringen, wieder zurück in die Natur. Die anderen bleiben 20 bis 30 Minuten in dem Wasserbad liegen. Vorsichtig herausnehmen, mit einem Tuch abtupfen. Und jetzt sehr behutsam, und mit Bedacht auf dem Rücken oder auf dem Bauch verteilen. Handtuch, bzw. Wolldecke darüber. So eine Steinmassage entspannt den Körper und könnte schon mal auch seelische Beschwerden lösen.

Motto 20:

Mache jeden Tag eine Handvoll.

Ich habe eine Schublade daheim, da liegen zwar bezahlte, aber nicht sortierte Rechnungen drin. Kochrezepte, Postkarten von Freunden, Steuerunterlagen für das letzte Jahr, Tankrechnungen, Notizen, um mir etwas wichtiges zu merken, Flyer von Massagestudios, Gebrauchsanweisung für den MP3-Player u.s.w. Leider kommen in der Nacht keine Mainzelmännchen, um da aufzuräumen.

Ich habe für mich die Methode entwickelt: Ich mache jeden Tag, aus dem Inhalt dieser Schublade, eine Handvoll. Was ich herausgeholt habe, wird bearbeitet und erledigt. Wenn man dranbleibt, ist das Problem gelöst.
Dadurch, dass das unbearbeitete nicht weniger wird, weil immer etwas Neues

dazukommt, wird der Inhalt der Schublade zwar nicht weniger, aber es türmt sich kein unerledigter Berg.
Die Vorhaltungen gegen sich selber, wie: Sei nicht so faul, gehe es endlich an. Machen das Problem nicht besser, aber ohne die „ Handvoll-Methode" wird das Problem zu einer nicht mehr lösbaren Last. So habe ich mich selbst überlistet, und bin hinterher sehr stolz auf mich. Solche belastenden Ecken hat jeder im Haus, in einer Schublade, unter oder hinter dem Bett, im Keller, oder auf dem Speicher. Mache deshalb eine Handvoll jeden Tag, und du wirst spüren wie gut dir das tut.

Motto 21:

Schaffe dir Rituale und Plätze:

z.B. einen kleinen speziellen Altar in deinem Wohnzimmer für eine spirituelle Auszeit.

Hast du bestimmte Gegenstände, oder Menschen, die du besuchen kannst. Oder magst du lieber bestimmte Gerüche und Farben. Vielleicht besinnliche Melodien, die dich mit deiner Göttlichkeit und deiner Seele, deiner Liebe, deinem Kern verbinden?

Mich bringt der Geruch von Weihrauch und das tragen bestimmter Ketten in meinen inneren Raum. Auch das Anzünden von Kerzen macht es mir leicht, mich mit meinem Inneren zu verbinden. Überall in meiner Wohnung liegen Federn herum, die ich mit Glas und Edelsteinen verziert habe. Sie erinnern mich an die Leichtigkeit des Lebens.

Motto 22:

Überlege dir was du tun kannst, wenn es dir nicht gut geht, wenn dein Schatten übermächtig wird, und du in ein Loch zu fallen scheinst.

Verharre nicht in dem Denken, mir geht es

schlecht, ich bin so unendlich müde, ich habe zu nichts Lust, ich würde am liebsten den ganzen Tag im Bett bleiben und schlafen.

Nimm bewusst wahr, was du denkst. Um wirklich üble Gedanken aus meinem Kopf zu vertreiben, spreche ich lautlos beim einatmen „ich" und beim ausatmen „bin", das geht überall. Beim Einkaufen. Beim Autofahren. Achtsames Ein und achtsames Ausatmen, mit den Worten: „Ich bin".
Oder ich binde mir für jeden schweren Gedanken einen Knoten in eine lange Schnur um mir bewusst zu machen, wo mein Kopf und mein Denken schon wieder weilt.
Oder ich lasse Linsen von der rechten in die linke Hosentasche wandern. Und dann denke ich bewusst an was schönes, an etwas lustiges, was leichtes, etwas witziges. Es ist zwar keine leichte Übung, aber es geht. Dranbleiben nicht den Kopf in den Sand stecken.

Stellt euch doch mal das Bild vor, wie wir

alle das Hinterteil himmelwärts, und den Kopf in den Sand stecken. Genau jetzt sind wir auf dem richtigen Weg, unsere Stimmung zu verändern. Macht euch witzige Bilder.

Welche Menschen erheitern dich? Wen könntest du treffen, oder anrufen? Wer gibt dir gute Energie? Auf Youtube: „no arms no legs" anschauen (das motiviert mich ungemein). Disney Filme z.B. Iceage, oder findet Nemo. Um diese Filme anzuschauen, muss man nicht unbedingt ein Kind sein. Du kannst dir auch schöne Filme (bitte keine Dramen) ausleihen?

Was kannst du Verrücktes tun? Was bringt dich auf positive Gedanken? Du kannst einen Steinkreis legen, und bunte Bänder an einen Baum binden, du kannst Wünsche eingeben, und sie dem Wind überlassen. Oder denk dir 5 Wörter aus, und spinne daraus eine Geschichte. Du kannst auch auf den Spiegel mit Lippenstift schreiben: „i`m prince charming". Mal dir eine rote Nase.

Welche Rituale hast du, um den Schatten auf deiner Seele zu beseitigen?
Vielleicht ein Zoobesuch? Oder alte Fotobücher durchforsten? Pflücke einen Wald- und Wiesenblumenstrauß. Ein besonderer Gedichtband dir vornehmen? Schreibe alles, was dich ärgert auf ein Blatt Papier. Zerreiß es danach, und schmeiße es in einen Fluss. Nimm dir dann einen Stein, und belege diesen mit Worten, die dir gut tun. Nimm diesen mit nach Hause, und lege ihn an einen besonderen Platz. Hole deine Flöte aus Kindertagen aus dem Schrank, und spiele darauf. Sing ein Lied. Falte dir ein Papierschiffchen, gebe deine Wünsche und Hoffnung hinein und schicke es auf die Reise. Kaufe dir ein Heft, in dem du Zahlen verbindest, um ein Bild entstehen zu lassen. Mache Kreuzworträtsel, oder Sudoku. Geh Enten füttern, oder lass Drachen steigen.
Rufe das Lachen, die Begeisterung und die Ausgelassenheit.

Was kannst du kochen, backen, essen? Was bereitet dir Lust? Ein Schokokuchen, oder ein Vanille Pudding, der für dein Leib und deine Seele gut sein könnte?
Du kannst Plätzchen backen, egal in welcher Jahreszeit es auch ist? (Ich z.B. liebe Miracolli. Das erinnert mich an meine Kindheit).
Oder mache dir einen Wackelpudding, einen Grießbrei mit Apfelmus, Germknödel, Eis mit heißen Himbeeren, einen Eisbecher.
Backe ein Lebkuchenherz und schreibe was witziges drauf. (Anleitung dafür gibt es im Internet).
Welches alte vergessene Hobby holst du aus der Schublade? Mandalas malen, Socken stricken, Topflappen häkeln?
Ein neues Türschild gestalten? Beim Töpferkurs anmelden?
Sonnenblumenkerne, mit besonderen Wünschen bedacht, aussäen? Einen Blog, oder wie man es früher nannte, ein Tagebuch schreiben. Aber nichts eintragen, was dich bedrückt, sonst lass es lieber sein.
Was hast du als Kind gerne und hingebungsvoll gemacht? Erinnere dich, ob

es das Kirschkern weit Spucken war? Oder war es vielleicht ein Telefonstreich? Kerzen mit Wachspapier bekleben?
Du kannst dir auch Bilder aus einer Zeitschrift ausschneiden, die dich munter stimmen, und diese dann auf ein großes Plakat kleben.
Welcher Glücksbringer spendet dir Kraft? Eine bestimmte Kette, ein bestimmter Stein, oder Ohrringe?
Welche Musik kannst du auflegen?

- Lose your self and dance -

Suche dir aus dem Internet den Text deines Lieblingsliedes und mache Karaoke.
Welche Kleider machen dir gute Laune? Worin fühlst du dich besonders sexy, weiblich und gut?
Welche Düfte? Welche Farben? Welche Bücher bringen dich zum schmunzeln.
Schaue dir Bilder auf google an? z.B. von Anne Geddes „Drunten im Garten".

Welche Getränke, oder Früchte tun dir gut? Du kannst Schokolade schmelzen, einen smoothie, aus den Früchten, die du magst herstellen. Oder du nimmst Milch mit Honig bzw. Tee mit Rum.

Welche Plätze, die dir Kraft spenden, kannst du besuchen? Vielleicht eine
Eisdiele, eine Bäckerei, ein Kino, einen Baum, an den du dich lehnst?
Dann schließe deine Augen, und warte darauf, was für Bilder in deinem Kopf auftauchen.

Ich finde, dass du es ganz allein in der Hand hast, wie du dich fühlen willst.
Nur du allein.

Es ist dein, und unser aller Geburtsrecht, glücklich zu sein.

Motto 23:

Heute geht es mir um Inspirationen: Das ist der Motor für das gelingen, und fürs durchhalten.

Mich inspiriert es, dieses Buch zu schreiben. Menschen zu erzählen, wie es auch anders geht. Ihnen zu helfen, glücklich zu leben. Wege zu öffnen, sich selbst zu helfen. Einfach wieder Frau sein zu dürfen, und sich in seiner Haut wohl zu fühlen. Sich selbst liebhaben. Sich so anzunehmen, wie wir eben sind. Dem Außen, also den Anderen, keinen Glauben zu schenken, und der inneren Stimme vertrauen zu dürfen. Das tun, was Freude macht, und nicht das, was von uns verlangt wird. Nein sagen zu dürfen, und sich dabei liebevoll zu umarmen. Dem Lustprinzip folgen, nicht dem Zwang zu funktionieren und zu genügen. Wir sind auf dieser schönen Welt. Frei, und nicht in

Gefangenschaft. Das heißt, dass wir aufwachen dürfen, handeln, und zwischendurch auch mal lästig sein. Und wenn es sein muss, auch die Krallen zeigen und "Haare auf den Zähnen" haben. Wir tun es für den wichtigsten und wertvollsten Menschen in unserem Leben. Wir tun es für uns.

Mich inspiriert es zu schreiben, Tagebuch, Reiseberichte und Gedichte. Ich schreibe aus meinem Herzen. Ich könnte das Stunden, Tage und Monate tun. Ich versinke dann in meinen Geschichten. Ich schreibe mit Freude und Begeisterung. Und ich muss es nicht tun. Denn wenn ich ins Tun verfalle, fange ich an zu denken, z.B. wie es bei den Menschen ankommt. Was denken die Leser, wenn sie meine Geschichten lesen? Wird es ihnen gefallen? Verstehen sie mich? Und das ist der Punkt. Da hört mein Schreibfluss auf, meine Kreativität, meine Lust. Die Fantasie verebbt.
Wenn mir das dann doch passiert, gehe ich schnell wieder zurück in mein Herz, komme

bei mir an, und schreibe nur noch für mich selbst. Ich bin dann die Leserin, die genau dieses Buch lesen will.
Es wird vielleicht Leute da draußen geben, denen es gefällt, und andere, die mich insgesamt ablehnen würden.
Es ist egal. Ich schreibe, weil es mir Freude bereitet, und dabei bleibe ich.

Dann inspirieren mich Weisheiten, japanische, indianische, Weisheiten deutscher Philosophen. Diese inspirieren mich, mich zu spüren und besser zu verstehen. Das Leben und das Sein zu verstehen. Mein eigenes Sein wahrzunehmen. Überhaupt die Essenz meines Seins, entdecken zu dürfen. Meiner Seele zuzuhören, wann sie spricht. Und wenn sie spricht und was es braucht hinzuhören. Mein Ego davon zu trennen, wenn es dieses oder jenes haben will und streiten will und recht haben will und gewinnen will. Wo es nichts zu gewinnen gibt, weil alle ihre eigenen Sichten und

Wahrheiten haben. Wenn du die Wand hellblau siehst und ich rosarot. Wer hat da bitte recht?

Und Ängste sondieren. Zwischen dem Aufpassen, und dem Erkennen. Ist die Gefahr real und muss ich mich schützen?! Oder ist es nur ein Hirngespinst, das nur in meinem Kopf existiert um mich zu lähmen und mich dabei hindert mein Leben zu leben.

Natur inspiriert mich. Beim Wandern, beim joggen, und auch beim Spazierengehen. Hier dürfen die Gedanken frei fließen, und Ballast wird abgeworfen. Wohin? In die unendliche Weite des Universums. Wir haben Berge, Seen, Wälder, das Meer, Wiesen und Wälder.
Die Berge z.B. stehen da schon ewige Zeiten. Denen ist es egal, wer Bundeskanzlerin ist, und ob es gerade eine Finanzkrise gibt. Oder welches Hemd mein Mann anhat. Und sie werden noch weiter

dastehen. Auch wenn es uns schon längst nicht mehr gibt.

...Der Wind weht wo er wehn will, der Geist weht wo er will, einmal kommt im Sturm er, einmal kommt er still, aus Osten Westen Süden und Norden weht der Wind, längst wenn meine Spuren schon verloschen sind(7).

Dann inspirieren mich Köche, die Freude haben, an dem was sie tun. Die singen bei Ihrer Arbeit, kaufen frische Zutaten, die sie mit Liebe auswählen, um sie dann entsprechend zu behandeln, die schöne Schüsseln nehmen, und den Tisch schmücken, ja sogar die Teller mit einem kleinen Blümchen am Rand verzieren, um sich dann zu freuen, wenn es den Gästen mundet.
Bei solchen Köchen / Gastronomen läuft mir schon beim zuschauen das Wasser im

Munde zusammen. Und ich freue mich, wenn ich am nächsten Tag auf dem Markt einkaufen gehe, um es ihnen voller Begeisterung nachzumachen.

Was inspiriert dich?

....

....

....

....

....

Motto 24:

Heute geht es um Motivationen: Diese sind für mich ganz wichtig, Ziele zu erreichen, Anstrengungen und Vorhaben durchzuhalten, Dinge zu beenden.

z.B. Die Motivation beim Wandern. Ich kaufe mir dann ein leckeres Brötchen beim Bäcker, und belege das Brötchen mit etwas besonders schmackhaftem. Das treibt mich

dann hinauf auf den Berg. Es gibt mir Kraft, und beflügelt mich. Ich freue mich schon unterwegs auf diese Brotzeit. Und nerve damit gelegentlich meine Begleiter.
Dann motiviert mich, wenn ich am Gipfel stehe und die schöne Aussicht betrachte, dass ich den Aufstieg körperlich geschafft habe und mein Körper so fit ist.

Die Motivation, wenn ich kein Fleisch esse, dass es erstens tatsächlich funktioniert, und dass ich zweitens dafür sorge, dass weniger Tiere meinetwegen gequält und umgebracht werden. Das gibt mir die Motivation zum Weitermachen.

Die Motivation bei meiner Arbeit, dass ich gutes Geld damit verdiene, dass es damit mir und meiner Familie gut geht, und ich mir daraus ein schönes Leben machen kann. Es motiviert mich weiter zu arbeiten, dass ich auch Menschen helfen kann, weniger Schmerzen zu haben. Und ich zeige ihnen dabei wie sie sich selbst helfen können. Ich spüre, dass sie gerne zu mir kommen, und dass es ihnen gut tut. Ich finde deshalb: Der Weg zum Herzen erfordert Mut, aber kein anderer lohnt sich.

Was motiviert dich?

....
....
....
....
....

Motto 25:

Überlege dir Dinge, die du noch vorhast zu tun:

Ich nehme mir vor:

- Eine Schneefrau bauen (mit dicken Hinterteil und mächtiger Oberweite) Alternativ dazu einen Schneemann.

- Einen Steinkreis legen. Alternativ dazu nach Cornwall fahren, um dort einen schon gelegten Steinkreis zu besuchen, diesen zu betreten und die Energie zu spüren.

– Dem/der besten Freund/in sagen, wie lieb ich ihn/sie habe.

- Einem Fremden, oder einem Bekannten, ein selbstgeschriebenes Gedicht ans Auto heften.

(Egal ob es sich reimt, oder nicht).

@Andrea Hofhammer

Du kannst 100 Berge bezwingen,
der einzige Berg der Sinn macht
ist dein eigener.

- Kamel reiten in der Wüste (aber nicht mit 100 Touristen).

- Delfine im freien Meer beobachten. (Aber keine wochenlange Kreuzfahrt, ich will nur mal Delfine in der Freiheit erleben).

- Einen original Hamam in Istanbul besuchen.

- Für einen Monat ein Buddhistisches Kloster besuchen und an den Zeremonien teilnehmen.

- Einen Indianer kennenlernen und einige Zeit mit ihm verbringen.

- In Island wandern gehen.

- Schottland bereisen, die alten Burgen besuchen, im Loch Ness nach dem Ungeheuer suchen. Ganz oben nach

Camelot fahren, um sich auf König Artus Fährte zu begeben.

- Einmal Rotelbus fahren, (gerne nach Schottland).

- Vor dem Ayers Rock in Australien stehen, oder auf dieser berühmten Brücke in Sydney in schwindelnder Höhe maschieren.

- Den Kakadu - Natinalpark besuchen. Kakadus, Wellensittiche, Nymphensittiche, um zu sehen, wie sie in der Wildnis leben.

- Eine Rückführung in ein früheres Leben.

- Die Orginalschauplätze der Hobbits in

Neuseeland besuchen. (Aus dem Film „Herr der Ringe").

- Bei einen aktuellen Filmdreh dabei sein zu dürfen, wie z.B. beim Film von Otto Walkes. „Die Sieben Zwerge". (Es sollte ein lustiger Film sein, ich will zusehen, wie erwachsene Männer, wieder zu albernen Kindern mutieren).

- Einen Monat im Zoo helfen, Käfige ausmisten, mal bei den Elefanten, den Zebras, den Gorillas sein, und mit helfen.

- Hannelore Hoger kennenlernen.

- Beim Tatort eine kleine Rolle besetzen.

- Bei einem witzigen Werbespot mitmachen.

- Meine eigene Trommel bauen.

- Einen Wanderführer buchen (einen geduldigen, symphatischen schon etwas älteren Herrn, ein junger würde mir gefühlsmäßig zuviel Druck machen) und vom Fuße der Zugspitze, nach oben bis zum Gipfel wandern (mit vielen Pausen und einer guten Brotzeit im Rucksack), und mit der Gondel wieder runter fahren.

- laut im Kino schluchzen, (bisher ist mir das noch nie gelungen. Es war mir bislang immer peinlich, dass andere mitbekommen, wenn ich gerührt bin).

- Jon Bon Jovi in Studio - Atmosphäre genießen.

- Eine spirituelle Auszeit in Thailand.

- Eine Kuh melken.

- Pilgern vor der Haustüre.

- Den Dalai Lama treffen.

- Einen Roman schreiben.

- Ein Liebeslied texten.

- Eine ganze Nacht durchtanzen.

- Einen ganzen Tag schweigen.

Was für Dinge fallen dir ein, die du noch vorhast zu tun.

Motto 26:

Führe ein Glückstagebuch,

das die Zufriedenheit trainiert.

Sich Gedanken darüber zu machen, was einen freut, dürfte vielen sehr gute Gefühle machen. Mir auf jeden Fall.

Es ist mir dazu einiges eingefallen:

Aufwachen ohne Schmerzen, ein besonderer Aufstrich, die selbstgekochte Marmelade, das Honigbrot am frühen Morgen. Ein schönes Lied im Radio, dass man schon lang nicht mehr gehört hat. Ein selbstgebackener Kuchen. Ein Feiertag an dem man ausschlafen kann. Ein Kompliment, ein Lächeln eines Fremden. Der Parkplatz direkt vor dem Geschäft. Der erste Schnee. Wenn im Frühling die Vögel singen. Von Herzen geflüsterte Worte: Ich liebe dich.

Auch wenn man eine Sache zu Ende gebracht hat, z.B. die Steuererklärung. Wenn man von Herzen lacht, über einen Witz, oder einen lustigen Film. Über die simple Tatsache, dass ich Beine habe zu gehen, Augen zu sehen, Ohren zu hören, Hände zum greifen und einen Kopf, mich für all das zu bedanken.
Wenn in einer öffentlichen Toilette noch genug Klopapier vorhanden ist. Wenn du selbst gestrickte Socken geschenkt bekommst. Eine sms, die man öffnet, und die mit den Worten beginnt: Guten Morgen meine Schöne.

Wenn man in der letzten Reihe in der Mitte einen Platz bekommt, obwohl das Kino schon voll ist. Wenn die Sonne hinter den Wolken heraus schaut. Wenn trotz Regenmeldung, die Sonne scheint.

Wenn dich auf der Gegenseite ein anderer Fahrer, vor einer Radarfalle warnt. Oder wenn man sich mit einfachen Dingen beschäftigt, die glücklich und zufrieden machen.

Es macht auch zufrieden und glücklich, wenn man Menschen und Situationen meidet, die einen herunterziehen. Gespräche abbrechen, die keinen Sinn ergeben. Sich bewusst sein, wieviel Lebenszeit mit schönen Dingen gelebt werden können, und dass dies nur einer durchsetzen kann, nämlich man selbst. Wann nur Du alleine bestimmst, und nicht andere über Dich bestimmen, wann Du z.B. zu lachen, oder zu weinen hast.

Das enge Shirt, das genau passt. Die neuen Wanderschuhe, die dich auf den Berg tragen, und keine Blasen an den Füßen hinterlassen. Schöne gepflegte Füße haben. In den Spiegel schauen und stolz auf sich sein. Unverhofft einen netten Menschen auf der Straße treffen. Ein Buch lesen, dass einen inspiriert. Eine Kette tragen, die an den letzten Urlaub erinnert, an das Meer, die Ruhe, den Frieden zwischen Mann und Frau. Das beobachten der Menschen, der Einheimischen und der Touristen. Die Wellen, die Hitze, die Langsamkeit am Strand genießen. Mit sich selbst genug sein. Die Rufe der Krähen im Herbst. Das rascheln des Herbstlaubes unter den Füßen. Den Wind spüren auf der Haut. Vergnügt, biegsam und elastisch sein.

Ein freundliches, liebevolles Miteinander. Frieden. Gesundheit. Zufriedenheit.

Zeit zu haben für dich, deine Familie, deine Vorhaben, deinen Haushalt. Zeit zu haben, auch mal nichts zu tun. Zeit zu lesen, zu schreiben, zu dichten, zu meditieren. Zeit zu fasten, Zeit zu kochen, zu backen. Zeit zu suchen und zu finden.

In Ruhe gelassen zu werden. Eigenen Raum zu beanspruchen. Eine angenehme Atmosphäre beim arbeiten, einen guten Duft, eine stille Musik. Kerzen, Wärme. Zeit für die Familie, für die Freunde, für die Hobbys.

Liebe zu geben, Liebe zu empfangen. Freude zu empfangen und diese weiterzugeben.
Sich all die körperlichen Funktionen, die so reibungslos und selbstverständlich ablaufen, zu begreifen und sich dafür zu bedanken, das Herz, das schlägt um alle Funktionen in Betrieb zu halten, die Wirbelsäule, beide Beine die dich tragen, Füße für einen sicheren Stand. Hände und Finger, um zu tasten, zu halten und zu fühlen, der Mund, die Zunge, um zu sprechen, zu flüstern, zu schmecken und zu küssen, die Haut, Haare, Zähne, Nerven, Zellen, Gefäße, u.s.w..

Was macht dir gute Gefühle?
Gehe mal durch deinen Tag, und notiere, was löst in Dir heute gute Gefühle aus, und was macht Dich glücklich?

Mit was fütterst du deinen Geist?

Mit Vogelgezwitscher?

Mit Bachgeplätscher?

Mit Vollmondspaziergängen?

Mit Blumen pflücken, Socken stricken,
töpfern, mit schnitzen?

Mit Fernsehen?

Mit Gewalt?

Mit Kritik und Selbstvorwürfen?

Mit Zank, mit Grübeln, mit Streit?

Mit Sorgen, mit Problemen?

Mit Freunden, mit Ideen, mit Massagen?

Mit schreiben, singen, malen, meditieren?

Mit Wandern, töpfern, gutem Sex?

Mit Lesen, mit Begeisterung und mit Lachen?

Mit Leichtigkeit, mit Fülle, mit Unbeschwertheit?

Mit Neugierde, mit Mut, mit Lebensfreude?

Mit Humor, mit Magie?

Fehler machen ist menschlich:

Es gibt in Afrika einen Stamm, der folgende Sitte hat: Wenn ein Stammesmitglied einen Fehler gemacht hat, versammelt sich der gesamte Stamm auf dem Dorfplatz, und der Mann wird in die Mitte gebeten, und auf eine Art Bühne gestellt, so dass ihn alle sehen und hören können. Er hat dann zu berichten, was ihm passiert ist. Am Ende der Erzählung klatschen die Leute in die Hände, und manche geben ihm sogar noch ein Geschenk dazu. Alle bedanken sich bei ihm, weil er sie von seinem Fehler informiert hat. Anschließend sagen alle: Wir machen diesen Fehler bestimmt nie mehr.

Ich habe aus der vorhergehenden Geschichte für mich einiges gelernt:

Wenn ich nun einen Fehler mache, entschuldige ich mich, versuche den Schaden zu ersetzen, und danach vergebe

ich mir. Denn ich weiß, ich habe ja diesen Fehler nicht mit Absicht gemacht. Damit beschließe ich für mich die Angelegenheit. Wenn aber mein Gegenüber nachtragend ist und uneinsichtig ist, kann ich es auch nicht ändern.
Wir müssen erkennen, dass wir keine Maschinen sind, und dass wir immer und bei jeder Handlung Gefahr laufen, Fehler zu machen. Neulich fiel mir ein Teller aus der Hand, und in dem Moment, als er aufschlug, dachte ich: „Aha"! Der sollte wohl kaputt gehen.

Eine weitere Geschichte: Tage später, ging ich in die Sauna, freute mich auf meine Lektüre und auf ein entspanntes Lesen. Als ich dort angekommen war, bemerkte ich, dass ich sowohl meine Lesebrille, als auch mein Buch, zu Hause liegen gelassen hatte. Okay dachte ich, scheinbar sollte ich doch nicht lesen, und damit war es gut.

Und noch eine Geschichte:
Eine Freundin von mir besuchte ihren Sohn in München. Sie war recht spät dran. Um den Zug nicht zu verpassen, stellte sie ihr Auto ordnungswidrig ab. Zunächst dachte sie die ganze Zeit darüber nach, wie viel der Strafzettel wohl kosten würde, oder ob der Wagen wohl abgeschleppt sein würde. Doch dann erinnerte sie sich daran, wie kostbar ihr die Zeit mit ihrem Sohn ist, und wie wenig sie mit ihren Gedanken das Geschehene beeinflussen konnte. Also schob sie ihre Gedanken zur Seite, und machte sich einen schönen Tag. Nach ihrer Rückkehr stellte sie fest, dass ihr Wagen noch da stand, und ohne Verwarnung. Wäre es anders gekommen, hätte sie auch das beste daraus gemacht. Hätte sie ihren ersten Gedanken Folge geleistet, hätte sie sich, und ihrem Sohn wohl keinen schönen Tag machen können. Alles steckt in uns.

Und, versprochen eine letzte Geschichte:
Ich habe vor einiger Zeit vergessen, meine Tochter am Flughafen abzuholen. Sie war auf einer Schülerreise in England. Mein

Fehler war es, ihr nicht richtig zuzuhören. Sie war nur 7 Tage unterwegs und nicht, wie von mir gedacht, insgesamt 10 Tage. Jedenfalls rief sie mich empört sofort an, und fragte:" Mama, wann kommst du endlich?"
Ich war total überrascht, sie am Telefon zu hören und fragte verdutzt :"Wohin denn ?"
Sie war auch sehr überrascht über meine Antwort und sagte:" Ja, zum Flughafen. Ich bin wieder da". „Was", fragte ich, „du bist schon da". Sie antwortete mit enttäuschter Stimme: „Ja, das bin ich"!
Es war ein großer Fehler meinerseits, resultierend aus oberflächlicher Kommunikation und zu wenig Aufmerksamkeit. Ich hatte ein schlechtes Gewissen.
Ich habe sofort alles stehen und liegen gelassen und bin in Windeseile zum Flughafen gefahren. Meine Tochter stand völlig in Tränen aufgelöst. Alle ihre Freunde waren schon abgeholt worden. Nur sie nicht. Die aus ihrem Gesicht abzulesende Traurigkeit schlug in schäumende Wut um, als sie mich sah. In dem Moment konnte

ich sie sehr gut verstehen. Bei ihr kamen wohl meine Beteuerungen, dass ich erst 3 Tage später mit ihr gerechnet hatte, und dass ich mich äußerst freue, sie in die Arme zu nehmen, nicht gut an. Sie war lange Zeit nicht gut anzusprechen. Und ich stand da, mit meinem schlechten Gewissen.

Meinem Gewissen habe ich Erleichterung verschafft, indem ich ihr beteuert habe, dass ich mir meinen Fehler bewusst bin, aber leider ihn nicht rückgängig machen kann. Es tut mir sehr leid und ich werde das nächste Mal besser hinhören. Am Ende beschloss ich das Gespräch damit, ihr meine Liebe zu versichern und bat sie darum, es dabei bewenden zu lassen, da wir uns sonst gegenseitig weh tun, für etwas, was wir beide nicht mehr rückgängig machen können. Heute, haben wir beide diese Episode noch in Erinnerung. Sie hat mir vergeben, und ich habe mir auch vergeben, weil ich immer bemüht bin, eine gute Mutter zu sein, mit dem vollen Bewusstsein, nie fehlerfrei handeln zu können. Aber ich lerne jeden Tag und jedes Mal aus meinen Handlungen.

Wie kann ich mir den Tag vermiesen?

In dem ich, z.B. diesen Gedanken denke:

Die blöde Steuer muss ich auch noch machen. Also, stimmt das? Muss ich das wirklich? Ja es stimmt, das muss ich. Aber muss ich es jetzt gleich machen? Das muss ich nicht. Und müssen, muss ich schon drei mal nicht. Was steckt wirklich dahinter, an dem Satz: Ich muss jetzt die Steuer machen?
Ich denke über mich selbst: Ich bin faul, wenn ich sie nicht mache, mahnt mich das Finanzamt (mich hat das Finanzamt noch niemals gemahnt, ich hab es bisher immer noch rechtzeitig geschafft).
Was steckt noch dahinter? Das ist alles sooooo mühsam. Die ganzen Papiere zusammenzusuchen.
Ich denke: „Da könnte ich doch in der Zeit viele andere schöne Sachen tun". Und es steckt dahinter: Ich bin wütend auf mich,

weil ich jedes Jahr diesen blöden Glaubenssatz habe, und ich immer nach dem gleichen Muster handle (und ewig, grüßt das Murmeltier).
Also was steckt wirklich dahinter, dass mich dieser Satz und letztendlich das Tun, so fertig macht?

Jetzt gehst ans Eingemachte:

Ich denke von mir, und verurteile mich deshalb zutiefst:

Ich bin faul, ich bin unzuverlässig, ich bin unordentlich, ich bin ein Chaot, ich kann an nichts dranbleiben, ich will mich vor der Arbeit und der Verantwortung drücken.
Ja, das kann dann wirklich schlechte Laune machen. Ich verstehe jetzt, warum ich so gedrückt bin, und nicht die anderen haben schlechte Laune. Das bin ganz alleine ich.
Diese Methode kommt von der Amerikanerin Byron Katie (2). Sie hinterfragt Sätze die traurig und depressive Stimmung machen.

So wie mein Beispiel, der Satz von gerade eben. Nicht der Satz: Ich muss die Steuer machen sind das Problem. Nein, was ich darüber denke, ist das Problem. Da ich erkannt habe, was hinter dem Glaubenssatz liegt, geht es mir jetzt wesentlich besser. Und ich kann erledigen, was mir anfangs so schwer fiel. Denn jetzt habe ich auch Lust, die Sache anzugehen.
Ich mache die Steuerunterlagen heute zeitnah dann doch noch fertig. Ich koche mir dazu einen guten Tee, und esse ein paar Kekse dazu. Ich denke noch „Den Plattenspieler hatte ich auch lange nicht mehr an. Da gab es doch die Schallplatte von Charles Aznavur die mir früher immer den Hausputz versüßt hat. Warum soll die mir bei der Steuer nicht auch weiterhelfen, und mir gute Laune machen?
Ich suche in meiner „Unordnung" noch die fehlenden Papiere zusammen und stelle fest, dass ich offensichtlich doch bereits das Meiste in den letzten Wochen erledigt habe. Meine vermeintliche „Unordnung" war also nur so ein Gefühl? Vielleicht bin ich

„unordentlich", aber ich nehme mich so, wie ich bin. Unordentlich, unsortiert, chaotisch, unpünktlich. Und trotzdem schaffe ich es immer. Ich gehe zum Spiegel und wertschätze mich mit den Worten: „Ich bin wertvoll", und beginne die Steuer zu machen.

Beispiele zu den Sätzen, die mich fertig machen:

Heute ist Samstag, und ich habe meinem Sohn versprochen, zu Ikea zu fahren. Aber ich liege noch im Bett, und habe keine Lust dazu. Und habe es daher einfach verschoben.

Welches Monster sitzt da in meinem Kopf?

Meine Gedanken dazu sind folgende:
Ich bin faul, ich bin eine schlechte Mutter, ich schaue nur auf mich, ich halte mein Versprechen nicht, mir kann man nicht trauen, ich bin schwach.

Oder ich habe einen wichtigen Termin verpasst:

Was ich jetzt über mich denke:

Auf mich ist kein Verlass. Warum bin ich so vergesslich. Weil dir andere Sachen wichtiger sind, ist dir das passiert. Kannst du nicht mal besser aufpassen. Die Kundin wird sich denken, die ist vielleicht unzuverlässig. Da gehe ich bestimmt nicht mehr hin. Die Kundin wird schimpfen. Mir ist das tatsächlich heute passiert und nachdem ich mich per Email entschuldigt habe, schrieb sie zurück: „Wir sind alles nur Menschen, das kann jedem passieren. Ist doch kein Problem. Wir machen uns einfach einen neuen Termin aus".

Und ich hatte schon wieder dieses Monster der Ungnade, und der Selbstanklage in meinem Kopf erschaffen.

Oder ich habe meine Mutter angeschrien, und wir sind im Streit auseinander gegangen.

Was ich über mich denke:

Sie ist alt. Ich darf nicht so gemein zu ihr sein. Ich bin die jüngere und muss nachgeben. Sie ist krank. Hoffentlich passiert ihr nichts. Musste das wieder sein? Ich habe ihr wehgetan. Ich werde Zeit meines Lebens Schuldgefühle haben. Ich bin gemein. Sie wird mir nie verzeihen. Sie denkt: Ich liebe sie nicht. (Seit wann kann ich ihre Gedanken lesen und in ihren Kopf schauen, was sie denkt).
Vielleicht denkt sie ja auch: „Die Sturheit hat sie bestimmt von mir".
Gedanken sind frei. Gott sei dank.
Natürlich darf ich auch mal mit meiner Mutter streiten. Auch, wenn sie alt und krank ist. Ich muss mir ja deswegen nicht alles gefallen lassen. Auch wenn ich die jüngere, und vielleicht sogar die klügere bin, kann ich meine Meinung äußern, auch wenn ihr dass nicht passt. Sie bleibt meine Mutter, Streit hin oder her, ich werde sie immer lieben. Und das weiß sie auch.

Oder ich treffe meine Nachbarin, die eine, die ich nicht mag:

Was ich schon wieder grausames über mich denke:

Die ist schon wieder gut darauf. Was habe ich jetzt schon wieder angestellt? Der kann man es auch nicht recht machen. Ob sie neidisch auf mich ist? Heute ist Sonntag, und ich habe die Wäsche heraus gehängt. Das ärgert sie bestimmt. Übrigens, sie hat mir heute ein Paket, vom Postboten angenommen, und als sie es mir in die Hand drückte, hat sie sanft gelächelt.

Soviel zu meinen Gedanken!

Mein Kopf denkt heute, den ganzen Tag, ich bin verwirrt, ich kann mich nicht konzentrieren. Und so geht mein Geist dauernd auf die Suche, um mir diesen Gedanken zu bestätigen. Ich kann gar nicht anders sein, als verwirrt. Denn genau das erwarte ich ja von mir.

Das nennt man dann auch sich selbst erfüllende Glaubenssätze.
Ich war mal auf einer Schiffsrundfahrt im Hamburger Hafen. Die See war sehr unruhig. Meine Freundin sagte zu mir: "Na das ist wohl nichts für schwache Mägen". In dem Moment fing ich zu denken an. „Oje, dir wird es doch so schnell schlecht. Und das soll ich jetzt 1 Stunde hier aushalten?"
Doch dieses Mal hörte ich mir beim Denken zu, und änderte den Satz. Nicht mir wird es schlecht. Nein meinem Denken geht es schlecht. Und siehe da, trotz Seegang ging es mir gut.

Sich selbst erfüllende Glaubenssätze.

Gut aufpassen, was wir uns so alles zuflüstern.

Oder diese Geschichte:

In der Winterzeit machte ich meiner Tochter ein Geschenk. Ich brachte ihr ein Paar Hotsocks zum erwärmen in der Mikrowelle

mit. Innerhalb von 30 Sekunden sind diese Schuhe, die mit Weizenkörnern gefüllt sind, erwärmt, und binnen Minuten werden Eisfüße kuschelig warm. Sie liebt Geschenke, ich war der Star. Wenige Tage später begab es sich, dass ich selbst Eisklötze hatte und mich an besagte Hotsocks erinnerte. Ich habe meine Tochter gefragt, ob ich mir die Schuhe ausleihen dürfte? Sie antwortete ganz keck: „Nein, das sind meine. Kaufe dir selber welche, vielleicht hast du Käsefüße". (Habe ich wirklich nicht !!!)
Erst war ich schrecklich beleidigt, dann fassungslos, zuletzt furchtbar wütend. Dann zog ich deprimiert ab.
Was dachte ich jetzt, bzw. was ging ab in mir? Meine Gedanken waren folgende:
Ich gab und gebe sofort alles her. Am Berg, beim Wandern. Meine letzte Brotzeit, das Trinken, alles.
Und ich dachte auch, sie liebt mich nicht.
Aber nein hallo, es sind nur Schuhe. Und die haben nichts, wirklich gar nichts mit Liebe zu tun.
Sie kann sich eben abgrenzen. Sie kann

NEIN sagen. Das muss ich erst noch lernen. Ich wollte haben, besitzen und das gleich und sofort.

Ich bin ja schließlich die Mutter. Es sollte keiner wagen, mir etwas abzuschlagen. Ich bin doch die Gute, die Nette.

Schließlich war das ja auch mein Geschenk, meine Idee, mein Einfall.
Doch mein Liebling, blieb dabei. Und ich habe daraus gelernt.
Ich darf auch Nein sagen. Sie hat es mir gezeigt. Ich muss nicht sofort springen, wenn meine Tochter, oder ein Anderer, in und außerhalb der Familie, ruft. Und auch nicht immer alles gleich hergeben, nur weil sich das so gehört.
Auch wenn ich „Nein" sage, werde ich weiter lieben, und auch geliebt werden.
Und ich darf den Anderen so akzeptieren, wie er ist. Weil es seine Angelegenheiten, und nicht die Meine sind.

Beim einem Seminar "the work" in Berlin, habe ich mir diese wichtigen Sätze notiert, um sie im Notfall herauszuholen, und ich möchte sie unbedingt an euch weitergeben.

„Danke, für die Frage und Nein.

Ich verstehe, und Nein.

Du könntest Recht haben, und Nein.

Du bist mir wichtig, und Nein.

Ich sehe, dass es für dich funktioniert, und Nein.

Ich würde dir gern den Gefallen tun, und Nein.

Ich habe Angst, dir das abzuschlagen, bitte hilf mir, und die Antwort für jetzt ist: Nein.

Ich weiß es noch nicht. Bitte frage mich später, noch einmal „(2).

Zu diesem Thema ist mir noch mehr eingefallen:

Sie kann dir doch auch mal im Bad die Heizung anmachen, denn du tust das doch immer für sie. Sag es ihr.

Wenn du willst dass sich etwas verändert, dass etwas passiert im großen Rad des Lebens, musst du den Mund aufmachen.

Er sagst mir: „Ich bin zu dick. Früher warst du schöner".

Sage ihm, dass dir diese Worte weh tun, dass du lieber in den Arm genommen werden möchtest und geliebt und verstanden werden möchtest so wie du bist. Sprich aus was du fühlst.

Er sagt: "Mein Hemd muss noch gebügelt werden, die schwarze Hose gewaschen". Sag ihm, du hast viel um die Ohren und du kommst nicht dazu. Sprich, mit ihm.

Er sagt dieses Jahr fahren wir wieder in den Sommerferien zu seinen Eltern. Ich liebe seine Eltern ehrlich, doch ich wollte so gerne mal wieder ans Meer. Sprich aus, was du denkst.

Viele Maßregelungen anderer Menschen engen uns ein wie zB: „Blätter nicht so laut mit der Zeitung, beiße nicht in den Löffel wenn du Suppe isst, kämme dein Haar nicht auf der Couch. Sprich nicht mit vollem Mund. Sei nicht so streng. Das hätte dir nicht passieren dürfen. Dafür musst du dich entschuldigen. Das wird er dir nie verzeihen. Wenn wir die nächsten Jahre auf Urlaub verzichten, können wir uns das teure Auto kaufen", welches ich eigentlich gar nicht brauche. „Tu das, tu jenes"…….geht es noch?

Klingeling, ist da jemand zu Hause? Mache dir klar was für dich wichtig ist, denn ich finde:

„Du bist ein kostbarer Schatz, ein Diamant, du bist der Sternenhimmel, das grüne Gras, der Adler in den Wolken".

Für mich ist der Sinn im Leben, das Leben selbst, und es heißt Fröhlichkeit. Keine Gedanken daran, was soll ich selbst tun, und was sollen die anderen tun. Einfach 5 gerade sein lassen und leben. Nicht mehr und nicht weniger. Leichtigkeit, Heiterkeit, Frohsinn, das macht mein Leben aus.

„Mach den Fernseher an, sei leise ich versteh nichts".

Nicht das hättest du besser machen können: und dies und jenes lieber lassen sollen. Das hättest du nicht tun dürfen, oder nicht sagen müssen.

Höre wir auf damit, dafür ist das Leben nicht geschaffen.

Das sind alles Resultate von aufgezwungenen Regeln, die tief in und mit unserem Innern verschmolzen sind, und in deiner Seele eingebrannt. Und das nur, um den anderen zu gefallen, ihnen Recht zu tun, und zugleich Opfer zu sein, indem du das Leid trägst und im Selbstmitleid zu versinken drohst.

Wirf die Last ab, lasse sie los. Mache dich frei von diesen Zwängen.

Flattere, schwirre mit den Vögeln, rausche mit dem Wasser, summe mit den Bienen, hüpfe mit den Heuschrecken, flüstere mit dem Wind. Lass dich tragen, komme zu dir.

Hast du die Mundwinkel oben oder unten? Wer hat dir die Laune verdorben? Bleibe nicht hängen in dieser negativen Energie. Viel zu schade für diesen Tag. Vielleicht der letzte Tag in deinem Leben.

Erkenne was dir wichtig ist. Wenn du alt bist, und auf dein Leben zurückblickst, was war wirklich wichtig?

Etwa, dass du brav warst. Still und angepasst. Warst du die Person, die immer gleich sprang wenn jemand rief?

Oder warst du der Mensch, der wirklich gelebt hat, der seinem Impulsen und der Lebhaftigkeit in sich gefolgt ist. Der die unermessliche Fülle des Universums und seines Seins begriffen hat?

Haus gebaut, Kind gezeugt, Baum gepflanzt?

Was sind deine Werte, worauf magst du am Ende deines Lebens zurückblicken?

Überlege Dir etwas und handle. Die Zeit rennt dir davon, und dann ist es zu spät. Was verstehst du unter Leben? Deinem Leben? Du hast nur das eine. Denk nach und mache es. Alles liegt in deiner Hand. Wirf dein „hätte ich nur" und „das tut mir aber leid" über Bord und rudere auf dem Ozean deines Lebens.

Weg mit deinen Selbstzweifeln, deinem eventuellen Selbsthass, deine Be-und Verurteilungen.

Sei du selbst. Geh voran und drehe dich nicht um. Es ist dein Weg. Dein Weg der Erfahrung, der Liebe und des Mutes.

Lasse dir nicht von anderen und von dir

selbst Steine in den Weg legen.

Traue dich und gehe stolz voran ins Licht, ins Ungewisse, ins Leben.

Höre auf es allen recht machen zu wollen, höre auf fehlerlos sein zu wollen. Höre auf, dünner, dicker, reicher, jünger, begehrenswerter, interessanter, sein zu wollen.

Habe dich lieb so wie du bist, du vergeudest mit solch unsinnigen Gedanken nur wertvolle Lebenszeit. Komme an in deinem Körper und in dir selbst. Vergib dir Dinge, die dir passiert sind.

Du bist ein Mensch und du sammelst dadurch wertvolle Erfahrungen. Gehe weiter, lege es ab.

Schenke dir die Zeit und Aufmerksamkeit. Du machst alles richtig. Du gibst alles und was du gibst ist immer nur das beste.

Mache dich groß, blase dich auf. Du bist wertvoll.

Ein kostbarer Schatz, ein Diamant, du bist der Sternenhimmel, das grüne Gras, der Adler in den Wolken.

Vergiss nicht zu leben, zu springen, zu tanzen und zu lachen. Erinnere dich, wo willst du stehen am Ende deines Lebens? Am Bretterzaun der Welt?

Packe es an. Setze den Focus auf das was du bist, was du kannst und was dir Freude macht. Wertschätze dein Sein und umarme dich in Liebe.

Du bist alles was du hast, komme heraus aus deinem Schneckenhaus, aus der Warteschleife deines Lebens.

Auf was wartest du? Dass dich jemand wach küsst. Bist du das Dornröschen und im ewigen Schlaf versunken? Wartest darauf, dass ein Prinz kommt, und dich wach küsst? Das darfst du schon selber tun tun, denn diesen Prinzen, den gibt es nicht.

Was willst du noch erleben? Fange an, jetzt sofort. Es erfordert Mut. Lasse dich nicht von deinen Ängsten erdrücken. Du kannst sein wer du sein willst.
Das ist Lebendigkeit.
Ausharren und warten, das etwas passiert.
Das ist Erstarrung. Träume nicht dein Leben, lebe deinen Traum.

Springe, tanze, lache. Jetzt. Sofort. Höre auf, dir selbst im Weg zu stehen. Du bist das größte Hindernis. Überwinde Grenzen. Folge deinem Herzen. Tu es.

Jetzt.

Erde mein Körper,

Wasser mein Blut,

Luft mein Atem

Feuer mein Spirit.

Lied der Seele:

Eine schwangere Frau begibt sich in die Natur, lehnt sich an einen Baum, hält Kontakt zu ihrem ungeborenen Kind und fragt das Universum, nach einem Lied. Nachdem sie sich mit ihrem Inneren, und der sie umgebenden Natur verbunden hat, vernahm sie Töne, die sich zu einer Melodie verbanden.
Sie spürte, dass dies das Lied ihres Herzens war. Und dieses Lied sang sie dem Ungeborenen.
Ein zufriedenes Lächeln huschte über ihr Gesicht, weil sie wusste, dass dieses Lied sie und ihr Kind begleiten wird.

Und die alte Tradition, der Indianer, besagt: Die neun Monate, in denen neues Leben im Mutterleib heranwächst, ist es wohl die respektvollste Art, für das ungeborene Kind, inmitten, duftender Blumenwiesen, dem Summen der Bienen, das glucksen der Bäche, unter blühenden Bäumen. Die Zeit, zu verbringen(9).

Deshalb: "Tue immer, was aus deinem Herzen kommt".(12)

Herbstzeit, Erntezeit.

Was hat mich, in diesem Jahr zum lachen gebracht?
Warum habe ich gelacht?
Wer hat mich zum lachen gebracht?
Was war gut in diesem Jahr, was will ich mitnehmen, was lasse ich liegen?
Bin ich satt geworden in diesem Jahr?
Freue ich mich über mein Leben, will ich dass genau so leben?
Was hat mich zutiefst berührt, im tiefsten Kern berührt?
Was ist das wichtigste, was ich in diesem Jahr gelernt habe?
Was will ich ernten, was hat Prioritäten in meinem Leben?
Wo bzw. von wem lasse ich mich ablenken?
Was habe ich dieses Jahr in Erfüllung gebracht?
Was hab ich mir getraut, was waren die allerwichtigsten Sachen?
Für was habe ich mich angestrengt, wie wichtig war mir die Verbindung mit meinem Liebsten, mit mir selbst?

Was hab ich riskiert in diesem Jahr?
Welches Thema hat mich am meisten beschäftigt, was hatte ich mir vorgenommen, ist es was geworden?

Setze Samen, fürs neue Jahr. Lasse dir Zeit damit, manches will reifen.
Benenne deine Wünsche und lasse den Samen wachsen,
im nächsten Herbst wird wieder geerntet.

....
....
....
....
....

zB. wünsche ich mir, dass dieses Buch dir weiterhilft um eine Tür zu öffnen. Um das Leben mit Begeisterung zu leben, zu lachen, zu tanzen und zu singen. Alles was für dich das richtige ist. Manche brauchen nur einen Apfel um zufrieden zu sein, manche brauchen den ganzen Obststand. Alles ist okay, hauptsache es ist dein Weg und du fühlst dich gut dabei.

Also ich unterteile die verschiedenen Lebensbereiche: In Gesundheit, Partnerschaft, Freizeit, Freunde, Beruf usw. Dann schaue ich wenn ich es auf eine Waage legen würde, wie ist jetzt das Gleichgewicht? Und ich bearbeite nach der Reihe, die oberen Fragen durch. Danach gehe ich noch die vergangenen Monate durch und schaue was da so alles passiert ist. Ich kann mir schon mal Gedanken darüber machen welche Samen ich neu einpflanzen möchte. Damit im nächsten Herbst meine Ernte ertragreicher wird. Wenn ich zufrieden war darf auch alles bleiben wie es ist.

Du kannst an der Olive zupfen, sooft du willst.
Davon wird sie nicht schneller reif.
Toskanische Weisheit.

A-ho.

Ich bin wie die Wolken im Wind,

ich bin wie die Wellen im Meer,

ich bin wie das Feuer das brennt,

ich bin auf der Erde im hier.

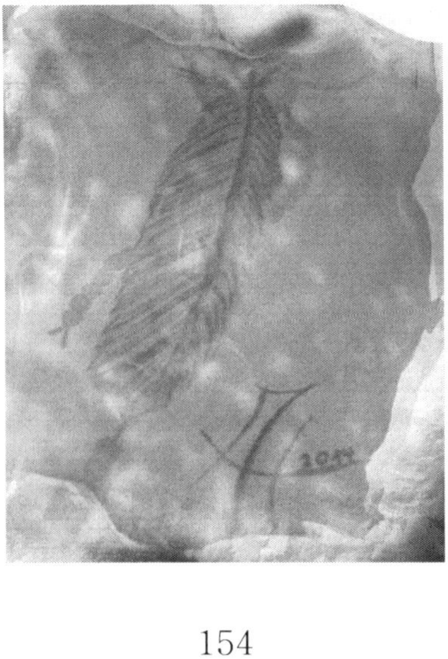

Schlagwörter wie, du musst dich selbst
lieben,

bringen mich nicht weiter. Sie machen mir eher Druck. Also wie schaffe ich es mich zur Selbstliebe zu bringen?

Ich mache folgendes: Ich überlege mir was ich von Herzen gerne tue. Dinge die meine Seele zum Blühen bringen, und mein Herz zum schwingen, meine Lippen zum lächeln, meine Laune gut macht.

Meist beginnen die Sätze mit:

Ich liebe. ....

01.- Ich liebe lange Wanderungen, besonders wenn es bergauf geht. Ich liebe den schamanischen Kreis, den ich seit vielen Jahren regelmäßig besuche, und den ich in der Zeit der Not gefunden habe. Damals schlug ich die Zeitung auf und dort gab es ein Annonce über ein Seminar, mit dem Namen „Schamanischer Heilkreis für Frauen". Das hörte sich interessant an, und

entgegen meinem früheren Tun: „Ach das überlege ich mir noch einmal", tat ich etwas ganz anderes, denn ich meldete mich spontan an. Und es gab kein zurück, denn auch bei Nichtgefallen des Kurses war man verbindlich für 13 Monate angemeldet. Ich fand das Seminar sehr gut, und hier fand ich auch mein Glück. Hier bekam ich die meisten Antworten, und hier erlebte ich zum ersten mal spürbar mein Sein. Meinen Sinn im Leben.
Ich erfuhr was es heißt Frau zu sein, und ich bekam auf spezielle Fragen, z.B. warum ich mit meiner Mutter solange im Streit verharrte, und warum ich unglücklich war, die befriedigenden Antworten.

Ich lernte die Natur zu lieben, Menschen zu lieben, mich zu lieben und ich lernte „NEIN" zu sagen.
Der Kreis nährte mich, und meine Seele begann zu tanzen.

02.- Ich liebe es auch, im See zu schwimmen. Was mir daran besonders gefällt ist, dass es die unterschiedlichsten Menschen tun können, ob alt ob jung, ob dick und dünn, ob arm, oder reich, ob gelb, schwarz oder weiß. Alle legen sie die Kleider ab, und schwimmen zwischen den Seerosen im herrlich klaren Gebirgswasser. Einfach nur wunderschön.

03.- Ich liebe das Meer. Ganz besonders liebe ich es, im Meer zu schwimmen, mich mit den Wellen treiben zu lassen, auf dem Rücken liegend, die Füße aus dem Wasser ragend. Meine beste Freundin hat sich bei diesem Anblick immer kaputt gelacht.

04.- Ich liebe Musicals, besonders die Rocky Horror Pictureshow. Am liebsten würde ich auf die Bühne springen, um mit zu tanzen und zu singen. Ich muss mich sehr beherrschen, still auf dem Sessel sitzen zu bleiben.

05.- Ich liebe es, Lieder aus dem Radio laut mit zu singen. Ich liebe es zu heißer Rockmusik aus meiner Jugendzeit zu tanzen und zu singen.

06.- Ich liebe es, wenn ich frei bin, mich zu entscheiden das zu tun und zu lassen, was ich will.

07.- Ich liebe meine Selbständigkeit.

08.- Ich liebe meinen Körper, so wie ich aussehe, und weil er so strotzt vor Gesundheit. Meine Hände, die mir so treu zur Seite stehen. Was für ein Schatz!

09.- Ich liebe meinen Geist, der in mir wohnt, und den ich besonders spüre, wenn ich glücklich bin.

10.- Ich liebe es zu lesen, besonders Themen um spirituellen Wachstum. Diese könnte ich förmlich verschlingen. Ich kann davon gar nicht genug bekommen.

11.- Ich liebe es, zu meditieren, weil ich meinen Geist besuchen, und Kontakt mit meinem „INNEN" aufnehmen kann . Meditation ist für mich ein Spaziergang mit Gott. Ich bin nicht „kirchengläubig", aber dass es noch etwas gibt neben dir und mir, das glaube ich schon.

12.- Ich liebe es zu joggen, meistens reichen mir 20 Minuten. Am liebsten mache ich das täglich, dann spüre ich meinen Körper und bekomme gleichzeitig eine gute Erdung. Nebenbei bemerke ich, wie die Energie fließt, sich mancher Knoten im Kopf löst und manche Spannung im Körper vergeht.

Alles beginnt zu fließen.

13.- Ich liebe schöne Filme, über die ich oft von Herzen lachen kann. Manchmal kann ich mich dabei vergessen und eine Zeitlang gedanklich davonfliegen.
Manche Filme kann ich mir immer und immer wieder anschauen.

Dazu gehören:
„Dolores“ von Stephen King.
„Herr der Ringe, 1. Teil
„Untreu“ mit Richard Gere.
„Zeit des Erwachens“ und „Ich bin Sam“.

14.- Und kochen und backen liebe ich seit neustem auch. Seitdem ich Enie backt auf sixx im Fernsehen entdeckt habe. Diese Frau motiviert mich so sehr, dass ich seitdem voller Inbrunst und Leidenschaft die leckersten Gerichte zaubere.

15.- Ich liebe mein Bett, schon immer. Schon als kleines Kind liebte ich es, mich dahin zurückzuziehen. Schlafen zu dürfen, Ruhe zu haben, mit mir allein zu sein, nichts mehr tun zu müssen, nur Sein dürfen. Mein wichtigster Kraftplatz ist mein Bett.

Kraftplätze sind heute gerade sehr in. Sehr trendy. Ich habe schon ein paar besucht. Z.B. war ich auf dem Untersberg im Berchtesgadener Land. Ich habe dabei aber nichts außergewöhnliches feststellen

können, hatte keine Erleuchtung sozusagen, außer der unbeschreiblichen Schönheit der Natur und deren unermessliche Fülle.
Daher sind für mich Kraftplätze da, wo ich mich selbst am wohlsten fühle, und nicht dort, wo anderen Menschen es mir einreden wollen.

Ich fühle mich am wohlsten am See, Meer, auf dem Berg, in Hamburg, in London, meiner Couch, meinem Garten, in den Armen meines Mannes.

16.- Und ich liebe es seit jeher zu träumen. Dabei erinnere ich mich auch sehr gerne an meine Träume, was mir leider nicht immer gelingt. Manchmal schreibe ich sogar mitten in der Nacht meine Träume auf.

17.- Ich liebe es, Frauen auf ihre Schönheit aufmerksam zu machen. Ihnen zu sagen, wie wertvoll sie sind. Es tut mir persönlich gut zu merken, dass mein Handeln es den Angesprochenen offensichtlich gut tut. Es fällt mir im Laufe der Zeit auf, wie viel sie

davon mitnehmen und ihre Einstellung zu sich selbst positiv ändern
Das hat mich auch auf den Plan gebracht dieses Buch zu schreiben.

18.- Ich liebe Blumen, und ich liebe den Frühling, wenn die Vögel draußen zwitschern.

Ansonsten liebe ich auch Gedichte und indianische Weisheiten. Überhaupt Weisheiten. Diese schreibe ich mir oft auf, und hole sie bei passender Gelegenheit wieder heraus. Das mochte ich schon als Kind, ich habe es aber verdrängt, weil es meine Eltern nicht mochten. Schade eigentlich, denn damals hatte ich schon die Verbindung zu meiner Seele gespürt, nur habe es nicht weiterverfolgt. Ich war ziemlich leer und unglücklich, als ich klein war, und später als Jugendliche.
Immerhin weiß ich jetzt was mich nährt und satt macht.

Ich könnte unaufhörlich weiter aufzählen, aber das würde ja viele Seiten in Anspruch nehmen. Deshalb nur so viel:
Ich liebe die Schneeflocken, wenn diese an die Scheiben klirren.
Ich liebe das Geräusch des Regens. Ich liebe den Sternenhimmel. Den Mond, wenn er rund am Himmel steht. Ich liebe den Regenbogen mit all seinen Farben.
Ich liebe es wenn die Krähen krächzen. Diese großen schwarzen Vögel wecken Kindheitserinnerungen in mir.
Ich liebe den Sommer, wenn ich die Wäsche barfuß - was ich ganz besonders liebe - im Garten aufhänge. Manchmal möchte ich am allerliebsten mit nackten Füßen durch einen Acker laufen.

Ich liebe Vögel aller Art, Spatzen, Kakadus, Sittiche und besonders meine 2 Nymphensittiche.

Der Wellensittich aus meiner Kindheit hat mir manchen Kummer genommen, dass meine Kinderseele so schwer belastet hat.

Er hat nicht gesagt: „Das hast du falsch gemacht, das hättest du nicht tun sollen, da hast du gelogen, warum weinst du schon wieder? Ich habe dich nicht mehr lieb". Nein, er hat mir zugehört. Hat immer zu mir gehalten, hat sich gefreut, wenn ich da war. Hat mich nicht beurteilt. Mittlerweile weiß ich, dass Tiere, Pflanzen, die Natur, All - Heiler sind. Hier kann ich abgeben und auftanken.

Sich selbst zu lieben, bedeutet sich selbst zu heilen(8).

Vielleicht haben dich meine Liebeserklärungen ermuntert eigene zu finden.

Na dann, mal los:

....

....

....

....

....

Vorschläge, über die du nachdenken, und dich so selbst befragen kannst: Was will ich, was ist das beste für mich?

Wie muss ich jetzt und hier leben
um heute Nacht glücklich ins Bett zu sinken?

Was ist mein bevorzugter Seinszustand?

Was kommt aus meinem Herzen?

Wo sprühe ich, wo bin ich nicht mehr zu halten?

Wo höre ich nur auf meine innerste Stimme?

Ich danke:

Meinen Eltern, ohne die wäre ich gar nicht da, und deren Eltern und wiederum den Eltern davor. Also danke ich allen, die in meiner Ahnenreihe stehen. Aber meinen Eltern insbesondere. Sie waren meine Lehrer. An ihnen durfte ich mich reiben. Durfte wachsen. Durfte verstehen und anstreben, nicht ihr Leben zu leben, sondern mein eigenes. Und ich durfte besonders an meiner Mutter lernen, was Vergebung heißt. Und ich durfte sie noch von ganzem Herzen lieben lernen. Und dafür bin ich mehr als dankbar. Dann danke ich meinen beiden Kindern. Auch hier durfte ich lernen, was wichtig ist fürs Leben. Ja, und dann danke ich meinem Ehemann, der mit mir 28 Jahre den gleichen Weg geht. Ich danke meinem besten Freund und meiner besten Freundin, schön dass es euch gibt, und dass ihr immer zu mir steht und ihr ehrlich zu mir seid. Ich weiß, dass ich mich auf euch verlassen kann, und dass ihr mir nicht nach dem Mund redet. Ihr sagt mir oft etwas, das mir nicht immer gefällt, aber ich weiß, wie ihr es meint.

Ja, Dank auch an meine Freundinnen, dass wir uns jetzt schon so viele Jahre treffen, die leckersten Gerichte zusammen kochen, und uns beim Spielen noch nie ernsthaft gestritten haben. Und wir immer enger zusammen wachsen, je älter wir werden.

Ich danke meiner Freundin Inge, die mir, während ich sie in ihrer Krankheit ein Jahr begleitet habe, gezeigt hat, dass Sterben gar nicht so schwer ist. Bussi an dich, und schön, dass ich dich getroffen habe.

Dank an meine alte Weise, die das Feuer hütet, und die weise darüber lächelt, über Dinge, über die Andere sich aufregen. Denn sie hat das Wissen: „Das alles wird vergehen. Nur das Wesentliche bleibt".

Dank an meinen Indianer Sam, der mich wegführt vom Ego, und von dem ausschließlichen „sich verlassen auf den Verstand". Und der mich in meinem Herzen begleitet. Dorthin wo die Lebensfreude steckt. Der auch sagt: „Freude ist wichtiger, als das einhalten von Regeln". Und den Indianern insgesamt, die mich inspirieren, zu trommeln und zu rasseln, ihre Weisheiten zu lesen und zu verinnerlichen.

Und dem schamanischen Frauenheilkreis der meine Seele zum schwingen bringt. Und dem gemischten Kreis wo ich einmal im Monat auftanken darf. Und dann danke ich dir, liebe(r) Leser(in), dass mein Buch den Weg zu dir gefunden hat.

Ich möchte der(m) Leser(in) folgende Bücher, die mich inspirieren, empfehlen:

Robert Betz:	Wahre Liebe lässt frei
Sonia Choquette :	Deine heimlichen Helfer
Sabrina Fox:	Body blessing
Byron Katie:	Lieben was ist
Eckhart Tolle:	The power of now
Birgit Klaus:	Tier zuliebe
Luisa Francia:	Der Rest deines Lebens beginnt jetzt
Gary Chapman:	Die fünf Sprachen, der Liebe
Nik Vujicic:	Mein Leben, ohne Limits.

Ein letztes wunderschönes Zitat(16).

Unsere tiefste Angst ist nicht, dass wir unzulänglich sind, unsere tiefste Angst ist, dass wir unermesslich machtvoll sind. Es ist unser Licht dass wir fürchten, nicht unsere Dunkelheit. Wir fragen uns, wer bin ich eigentlich, dass ich leuchtend, begnadet, phantastisch sein darf? Wer bist du denn, es nicht zu sein? Du bist ein Kind Gottes. Wenn du dich klein machst, dient das der Welt nicht. Es hat nichts mit Erleuchtung zu tun, wenn du schrumpfst, damit andere um dich herum, sich nicht verunsichert fühlen. Wir wurden geboren, um die Herrlichkeit Gottes zu verwirklichen, die in uns ist. Sie ist nicht nur in einigen von uns, sie ist in jedem Menschen. Und wenn wir unser eigenes Licht erstrahlen lassen, geben wir unbewusst anderen Menschen die Erlaubnis, dasselbe zu tun. Wenn wir uns von unser eigenen Angst befreit haben, wird unsere Gegenwart ohne unser Zutun andere befreien.

Namaste.

Literaturverzeichnis:

(1) Anais Nin war eine französische Schriftstellerin, geb.21.02.1903, gest. 14.01.1977

(2) Byron Katie Byron Kathleen Mitchell, geb. 6.12.1942 als Byron Kathleen Reid in Breckenridge, Texas, ist eine US amerikanische Lehrerin, Bestsellerautorin und vor allem bekannt als Gründerin der Methode the work.

(3) Mohsen Charifi Dr. Mohsen Charifi, geboren in Teheran, lebt seit 1961 in Deutschland. Nach der_ Promotion Physik und Lehr- und Forschungsaufträgen folgte das Studium der Psychologie. Das logisch-abstrakte Denken eines Physikers, das sensible Erfassen von Erlebnisprozessen und seelischen Vorgängen eines Psychotherapeuten und die prägende Mystik des Morgenlandes sowie die nüchterne Aufklärung des Abendlandes bilden als Basis all seines Wirkens eine harmonische Ganzheit.

(4) Erich Fried Erich Fried, am 6. Mai 1921 in Wien geboren und am 22. November 1988 in Baden-Baden gestorben, ist einer der bekanntesten deutschsprachigen Lyriker des 20. Jahrhundert. Vor allem mit seinen Liebesgedichten, am bekanntesten darunter das Gedicht "Was es ist", erzielte er große Wirkung bei Zuhörern und Lesern.

(5) Johann Wolfgang von Goethe deutscher Dichter, geb. 28.08.1749, gest.22.03.1832

(6) Louise L. Hay ist eine Us Amerikanische Sachbuchautorin auf dem Gebiet des „positiven Denkens". geb. 1928 in Los Angeles.

(7)David Ho aus der CD Großes Herz verborgen, Mystik aus den Alpen.

(8) Gerald Jampolsky geb. 1925 ist ein US Amerikanischer Arzt und esoterischer Autor.

(9) Scout Claud Lee gilt als Pionierin der experimentellen Lern und Bewusstseinstechniken. Sie lebt und arbeitet in Oklahoma, „ Der heilige Kreis" Arun-Verlag 2012. S.132

ff, S.141 ff, S. 258 ff.

(10) Astrid Lindgreen bekannteste Kinderbuchautorin der Welt geb. 14.11.1907 gest. 28.01.2002, geistige Mutter von Pippi Langstrumpf, Michel aus Lönneberga, Ronja Räubertochter,Madila, Kalle Blomquist, Karlson vom Dach und den Kindern aus Bullerbü.

(11) Mowihaiz, Magpie (Cheyenne) indianische Weisheiten

(12) Osho indischer Philosoph und Begründer der Neo Sannyas Bewegung, geb. 11.12.1931 gest. 19.01.1990

(13) Sathya Sai Baba geb.23.11.1926 in Puttaparthi, indien gest. 24.04.2011 war ein indischer Guru. Anhänger seiner Lehre gibt es vor allem in Nordamerika, Europa und Indien.

(14) Seneca Philosoph, Lucius Annaeus Senecea lebte von 4/1 v. Chr. Bis 68 n Chr.

(15) Sören Aabye Kiierkegaard geb. 5.05.1813 in Kopenhagen, Dänemark. Gest. 11.11.1855. Er war ein dänischer Philosoph, Essayist, Theologe und religiöser Schriftsteller.

(16) Marianne Williamson geb. 8.07.1952 in Houston, Texas. USA. Sie ist eine spirituelle Lehrerin, Buchautorin und Gründerin der „the peace alliance". Das Zitat stammt aus dem Buch „a returne to love. Reflections on the principles of a course in miracles".

Nelson Mandela hat dieses Zitat in seiner Antrittsrede 1994 verwendet und damit weltweit bekannt gemacht. Nelson Mandela geb. 1918 in Mvezo Südafrika, gest. 5.12.2013. Einer der führenden Anti Apartheid Kämpfer Südafrikas und der erste schwarze Präsident des Landes 1994-1999.

Mein bester Freund, hat mir noch ein paar Bemerkungen und liebgemeinte Ratschläge vorgeschlagen, mit denen ich mich dann doch noch beschäftigt habe:

> Du sprudelst wie eine Quelle. Das stimmt. Wenn ich Ideen im Kopf habe, die mich begeistern, muss ich das der Welt, meinen Freunden, meiner Familie und meinen Kunden mitteilen.
>
> Dadurch, dass es mir gut geht, will ich dann auch die ganze Welt mitreißen und umarmen. Ich könnte bestimmte Dinge verkaufen, wie z.B. mein Backautomat, oder meine Küchenmaschine, weil ich selbst so begeistert davon bin. Oder momentan erzähle ich allen, sie müssen unbedingt ins Kino gehen, zum Film der Super Hyperchonder, weil ich selbst so gelacht habe, und dem Film deshalb das Prädikat "Wertvoll" verliehen habe.

Er meinte auch: „Dem Lustprinzip alleine zu folgen, ist genau das, was Soziologen als die Zeitbombe bezeichnen würden, die jede Gesellschaft zerstören kann. Lustprinzip, ohne Verantwortung, kann nur derjenige anstreben, der für sich allein existiert. In einer komplexen Gesellschaft funktioniert das nicht". Damit hat er wahrscheinlich recht, nur das hier ist meine Geschichte, mein Weg, wie ich aus dem Tief, liebevolle Lösungen für mich gefunden habe, glücklich zu sein, mit mir und allem, was mich ausmacht. Ich komme ab und zu immer noch in Phasen, in denen mich das Negative zu überschwemmen versucht. Aber mit den oben beschriebenen Ritualen kann ich das Ruder herumziehen, und mich der Freude des Lebens erinnern.

Dann sagt er: „Viele, wie ich, werden meinen, das kann nur einer, der frei ist, tun, und nicht auf einen Arbeitsplatz von 7-17 Uhr angewiesen ist. Auch an die musst Du denken, die nicht ständig in die Natur gehen können, und die Zeit dafür aufbringen".

Tatsächlich, da ich selbstständig bin, habe ich andere Arbeitszeiten, aber auch ich arbeite meistens 8 Stunden am Tag. Plus meiner Lebensverpflichtung, meiner Familie und meinen Kunden gegenüber. Aber genau das will ich doch aussagen, mit meinem Buch.

Schafft euch Freiräume, und beginnt euch selbst zu lieben und wertzuschätzen. Denn ich liebe meine Kinder, und ich mache gerne meinen Haushalt und ich sage immer noch allzu gerne ja, zu den Menschen, die mich brauchen.
Nur dadurch, dass ich jetzt ein erfülltes, und selbstbestimmtes Leben führe, was ich früher einfach nicht konnte.
Ich würde sagen: Wem das Buch den

Eindruck vermittelt, als wäre ich ein egoistisches Weib, das glaubt, das ganze Universum soll sich um mich drehen, irrt, und der Schein trügt. Denn bei mir besteht eher die Gefahr, mit der Herde mitzulaufen, und es daher allen recht zu machen.

Ich war und bin immer noch ein liebes Mädchen, dass zu gerne versucht, es allen recht zu machen. Doch hier ist der Beweis, ich bin eine Erwachsene, gereifte Frau, die es gelernt hat "Nein" zu sagen. Damit zwar ecke ich manchmal an, aber ich bin dennoch stolz auf meine "Errungenschaften".

Dadurch, dass ich mich selbst liebe. Liebe ich die Welt.

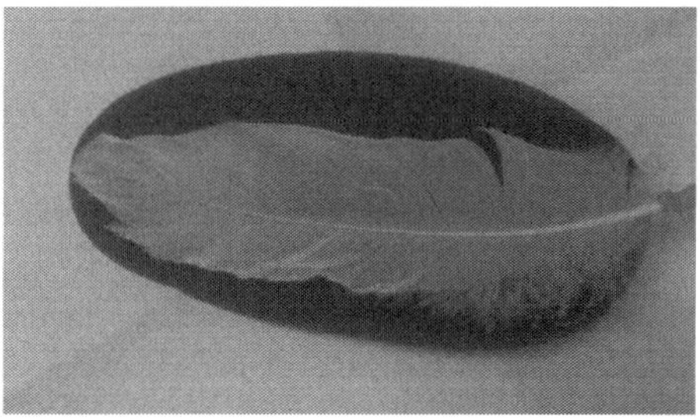

***E*nde**

Andrea Hofhammer, geb. 1961 in Kenzingen Baden-Württemberg, arbeitet seit dem Jahr 2000 als selbstständige Masseurin in der eigenen Praxis.
Sie liebt das Leben und die große Vielfalt der Natur. Ihre Erkenntnisse des Schamanismus basieren auf persönlichen Erfahrungen.

Sie praktiziert "the work", eine Methode der Amerikanerin Byron Katie, indem sie belastende Gedanken umkehrt, und dabei erkennt: "Wie man sich fühlt, wird vom Denken beeinflusst".

Andrea Hofhammer lebt mit ihrer Familie in Bad Reichenhall.

Druck:
Canon Deutschland Business Services GmbH
im Auftrag der KNV-Gruppe
Ferdinand-Jühlke-Str. 7
99095 Erfurt